W0384459

# Le gras théâtre est mort, maman

Cyril Grosse

# Le gras théâtre est mort, maman

Les Cahiers de l'Égaré

## DU MÊME AUTEUR

*La Lumière des hommes*
Théâtre, Les Cahiers de l'Égaré, 1989, épuisé.

*Beverly*
Roman, Les Cahiers de l'Égaré, 1994.

*30 mots pour Maman*
Les Cahiers de l'Égaré, 2000.

*Le Peintre*
Roman, Les Cahiers de l'Égaré, 2002.


BP 9, 83200 Le Revest-les-Eaux
Tél. 04.94.98.99.03 – Fax : 04.94.98.91.51
Courriel : mail@les4saisonsdurevest.com
Internet : www.les4saisonsdurevest.com

ISBN : 2-908387-84-0
ISSN : 1147-5315

# SOMMAIRE

# AVANT-PROPOS

Les trois pièces rassemblées dans ***Le gras théâtre est mort, maman*** ont été écrites par Cyril Grosse entre 1990 et 1997.

En 1989, Cyril avait écrit et mis en scène *La Lumière des hommes*, publiée par Les Cahiers de l'Égaré. Cette pièce, épuisée, hugolienne dans son écriture à rythme ternaire et par son histoire dramatique, était déjà une « grande déclaration de guerre » selon le mot de Nietzsche, repris par l'auteur de cette fable. (*La Lumière des hommes,* 4e de couverture.)

La lecture dès 1989-1990 de James Joyce, en relation avec un constat paternel : « De quoi parles-tu ? Tu n'as même pas lu Joyce » permet à Cyril d'aller plus loin dans les intermèdes. Le poète s'en mêle, interrompt ses personnages, commente, narre, décrit pour faire avancer ou détourner l'histoire. « Lecteurs de grande Raison et Foules cartésiennes passeront leur chemin, laisseront ces feuillets. » (*La Lumière des hommes,* p. 85).

Dans *Madelaine Musique*, variation autour de *Lecture d'une femme* de Salah Stétié, écrite en 1990, l'auteur s'autorise comme Joyce à faire feu de tout bois, à faire théâtre de tout. Si Salah Stétié évoque des forêts en désordre, un sarcophage romain, aussitôt l'auteur en fait des personnages de sa partition. En résulte un jeu parodique, irrévérencieux, insolent, qui par sauts et gambades nous fait entendre le chant inspiré de Salah Stétié et la musique acidulée de Cyril Grosse. Cette « petite guerre » (voir p. 17) ne fait pas table rase du passé et des aînés. L'irrévérence suppose la révérence – la référence. Mais elle permet à qui entre en littérature de faire le tri : il y aura ce dont on se moque, ce dont on se démarque, ce qu'on admire, ce qu'on vomit. Les choix littéraires de Cyril étaient très affirmés. Ses didascalies en révèlent quelques-uns. Ses deux romans, *Beverly* (aboutissement de son projet : *Ulyssse à Hollywood*, 1992-1994) et *Le Peintre* (roman inachevé sur lequel il travaillait par intermittences depuis 1990 et qui est la matrice de son œuvre), tous deux publiés par Les Cahiers de l'Égaré, sont une expression heureuse de ces choix.

*Madelaine Musique* fut créé à la Maison des Comoni au Revest en mai 1992, puis recréé au Wooloo-Mooloo (Avignon) en juillet 1993.

Pour *Nighttown*, adaptation-traduction de l'épisode *Circé* de l'*Ulysse* de James Joyce, écrite entre octobre 1993 et novembre 1994, Cyril ne lut pas une fois, mais six fois *Ulysse* (en français et en anglais dans deux éditions). Comme à son habitude, il fréquenta l'œuvre entière, les carnets, les études (dont celle de Nabokov). Et il participa avec brio (Dublinois buvant et chantant parmi les Dublinois chantant et buvant) au Bloom Day de 1995. Pour le lecteur de grande Passion, j'ai indiqué les sauts de pages effectués par Cyril dans l'édition Gallimard de 1948 pour construire son adaptation, une parmi des dizaines de possibilités.

*Nighttown* n'a pu être créé à Martigues et à Châteauvallon au printemps 1997. Cette édition hors commerce permet de sauvegarder le travail de Cyril. **Un jour *Ulysse* tombera dans le domaine public. Des compagnons de Cyril sauront redonner vie au projet assassiné par l'ayant droit.**

*Tankus* fut la réponse, écrite en 1997, de l'artiste meurtri, Cyril, à l'héritier cynique, Stephen James. *Tankus* n'a pu être créé, un des producteurs de *Nighttown* demandant le remboursement de l'avance faite. Il fallut deux ans à L'Insolite Traversée pour refaire surface. Ce fut la création de *La Forêt* d'Ostrovski, traduite et adaptée par Cyril, avec la collaboration de Vitya Ponomarev, en 1999. Ce spectacle, joué 70 fois en France sur deux saisons, permit le conventionnement de L'Insolite Traversée dès 2000.

Tenant compte des remarques de Cyril sur le traitement des didascalies par James Joyce (voir p. 171-172), cette édition a pris le parti de n'utiliser que des caractères droits pour l'ensemble des trois textes, tout étant matière à théâtre, à être dit, à partir du moment où c'est écrit.

Jean-Claude Grosse,
5/05/2005.

# GRÂCE À LUI

Cyril entre en scène en dansant. Est-ce une danse ? Cavalcade de sauts, course légère. L'ai-je déjà vu, ou m'apparaît-il pour la première fois ? Je me remémore cet instant comme un premier souvenir. Si je l'ai déjà vu, je brouille toute trace antérieure, marquant celle-ci comme commencement absolu. Si je ne le connais pas du tout, pas encore, reste l'empreinte très vive de cette première fois. L'occasion est la présentation d'un travail d'atelier de Sylvie di Roma sur la scène de Châteauvallon. Je revois les lattes du plancher noir. De la musique sonne, rythmée, vive. Cyril entre, enchaîne des bonds en rythme, course dansante, aérienne (je me souviens des bonds comme d'une courbe mathématique, la trajectoire d'un projectile touchant à peine le sol). C'est entraînant, communicatif, peut-être avons-nous envie de battre des mains. Cyril ne sourit pas, son visage porte cette gravité allègre que nous retrouverons. Il est concentré, l'esprit serré, le corps léger qui saute. Je le regarde avec beaucoup d'attention.

Dans la période qui suit, je fais la connaissance de sa famille. Ils m'invitent dans la belle maison sur la colline. Avec eux, je discute, nous avons de longs échanges. Cyril parfois m'accueille à l'entrée, ou bien nous nous retrouvons avec la famille autour de la table. Son visage est grave, pénétré de réflexion, mais son sourire très profond, enfantin, avenant. Chez Cyril, sourire et gravité ne s'annulent ni ne s'excluent. Au contraire, il laisse percer comme une gémellité du sourire et de la concentration. Sourire très ouvert, pensée très rassemblée. Cyril accueille, et pourtant toujours recueille en lui le foyer d'une pensée, d'un domaine intérieur où l'on n'entrera pas. Cyril est affable, ne ferme pas la porte. Mais sa demeure est au-dedans, secrète, qui n'appartient qu'à lui, son rêve, son château, sa pensée.

À table, en famille, Cyril est à l'aise, mais silencieux. Je ne me souviens pas de longs discours. Il écoute. Pas replié – il ne boude ni ne s'isole jamais. On le devine très attentif à ce qui a lieu, à ce qui se dit. Il participe par son sourire, de brefs commentaires ou mouvements de la tête. Et sans doute, il parle : mais je ne me souviens pas de sa parole. Dans mon souvenir, son sourire et son écoute avalent tout. Pourtant, je connais bien sa voix : légèrement granuleuse, timbrée. Je sais comment il parle. Mais j'ai meilleur souvenir de son regard que de ses mots.

Avec sa famille, nous devenons amis, très amis. Parfois, on m'invite, je dors chez eux. Lorsque l'été arrive, je suis invité aussi dans la montagne pyrénéenne, dans le village de famille. Nous marchons sur les pentes, parmi les arbres, le long d'une rivière. Invité, je dors dans la maison des grands parents. Je dors dans la même chambre que Cyril. Il y a deux lits superposés, j'occupe le lit d'en bas. Avant de m'endormir, je me sens un enfant. La présence de Cyril me reconduit à mon enfance, aux temps premiers. Je suis enfant, je parle avec un copain avant de m'endormir. Enfant, je n'ai jamais eu d'amis dormant à la maison, je n'étais pas invité à dormir dans d'autres familles. C'étaient des temps de guerre, de crainte. J'ai dormi seul dans ma chambre enfantine. À trente-cinq ans, je dors dans la chambre de Cyril, je suppose que Katia, sa sœur, m'a cédé sa place, je redeviens enfant, je trouve l'enfance et les amitiés adolescentes que je n'ai pas connues. Ma pensée s'envole, flotte dans les hauteurs de la chambre.

Je ne me souviens pas de conversations avant de dormir. Il me semble que Cyril lit. Me revient, de loin, l'image d'un livre pour la jeunesse, couverture colorée. Puis il grandit. Le voici adolescent, à son tour. Il devient un peu plus grave, ou un peu plus silencieux encore – au moins avec moi. J'assiste à une présentation dont il a fait la mise en scène, au collège des Pins d'Alep. Quel était le contenu ? Était-il sur le côté de la scène, avec une sorte d'accordéon ? Réémerge l'idée que Cyril est en cinquième. Je me souviens de sa gravité souriante et concentrée. Entre temps, je me suis mis à préparer un spectacle à Châteauvallon, dans l'amphithéâtre de plein air. La préparation dure deux ans. Je crée une classe de théâtre. Cyril décide d'y entrer. Nous nous retrouvons, une vingtaine (tous les lundis ?), pour travailler. La plus âgée des élèves passe la soixantaine. Le plus jeune, si je me souviens bien, est Cyril. Treize, quatorze ans ? Cyril est brillant. Il comprend tout, fait tout. Il attrape la moindre flexion du texte. Dans Claudel, je propose des inflexions, des ruptures au cœur de la phrase. Ou plutôt, Claudel les propose, enjoint de s'y plier, par sa syntaxe rompue et fluide, par ses emportements doux et impérieux.

J'essaie de suivre. Je demande qu'on respecte – comme on porte respect à un visage, une voix, une présence – les suggestions du vers. Si Claudel suspend le vers en plein milieu du gué, et reprend à la ligne, c'est pour qu'on l'écoute. La diction doit se faire écoute, l'écoute parle. Cyril attrape tous les mouvements du phrasé, toutes les courbes du chant. Je ne sais pas si, plus tard, il aime Claudel : mais il parle Claudel comme chez lui, y bouge comme dans sa demeure. Et puis nous faisons des exercices physiques : Cyril saute, léger.

Vient le spectacle. Dans le grand amphithéâtre de Châteauvallon, est dressé un décor considérable. Au fond, s'élève une ambitieuse armature de bois, qui ne figure rien, mais dans laquelle prennent place des scènes en hauteur : sommets d'église, chemins de remparts. Dans cette pièce il est question de Michel-Ange, perché sur un échafaudage pour peindre les fresques du plafond de la Sixtine. Michel-Ange a embauché un aide, un seul aide qu'il garde auprès de lui après avoir congédié tous ses ouvriers. Le titan solitaire a décidé de finir par lui-même l'œuvre du plafond, sans équipe ouvrière, ce qui lui vaut quatre années dans la chapelle, jour et nuit perché sur l'échafaudage. L'aide s'appelle Baccio – c'est Cyril. J'ai écrit le rôle pour lui. Cyril en Baccio ne sortira pas de nos mémoires. Baccio est là, indélébile, présent, Baccio est la présence même. Souriant, grave, concentré. Il écoute le maître à ses côtés, ses emportements, ses fureurs, ses déroutes. Michel-Ange (Patrick Le Mauff) se révèle un monstre de gaucherie, de détermination monomaniaque, de génie quichottesque et brinquebalant. Baccio à ses côtés impose la sagesse adolescente, grand frère protecteur de quinze ans. Michel-Ange s'entretient avec le pape, Jules (Robert Condamin). Buonarroti et Della Rovere se chamaillent, assis en haut des poutres, pieds ballants dans le vide. Baccio est serré à leur côté. Du prince pontife à l'artiste roi, il fait passer des poires. Il les écoute et les protège. Imprègne la scène de sa grâce. Voilà le mot que je voulais retenir, employer le plus tard possible. Grâce de Cyril dansant, bondissant à grandes enjambées en rythme sur la scène. Grâce de son sourire recueilli. Grâce de Baccio, entre les deux géants, faisant passer les poires, et soutenant de sa force adolescente leurs vérités qui se croisent.

Cyril grandit, devient adulte. Adulte, je le vois peu, le connais mal. Je sais seulement qu'il habite un réseau de textes, d'écriture, de ramifications littéraires proliférantes. Le monde a la texture des livres. Non qu'il ne voie pas les choses : il les voit mieux, peut-être. Mais il fait partie de cette sorte d'humains pour qui la littérature est l'enjeu le plus concret, le plus compact. Non que la vie ait allure de livres: mais les livres plongent au cœur de la vie, comme des tisons. Il lit et écrit partout, sans cesse, traversé de poèmes, de romans, de scènes dialoguées. Je me souviens de lui à vingt ans. Pour quelques semaines de printemps, je réside à Villeneuve-les-Avignon, dans la Chartreuse pour écrire. Il vient me voir, un soir, en voiture si je ne me trompe. Nous dînons, puis passons la nuit à parler, jusqu'au petit matin où il part. De quoi: j'ai oublié le détail. Mais de littérature, des heures durant, j'en suis certain. Il m'attrape, me bouscule. Il lit Céline, qu'il voit comme le plus grand des Français, après Proust. Qui peut rivaliser avec Céline ? Il me demande: cite-moi quelqu'un, après Proust, qui rivalise avec Céline ? Je reste coi. Moi qui spontanément déteste Céline, je ne sais que dire. L'automne suivant, où je deviens assistant de philosophie à l'Université de Strasbourg, je m'engage pour toute l'année dans un cours sur Céline pour comprendre Cyril. Je veux déceler pourquoi il crédite Céline d'une radicalité dont les autres manquent. À travers Cyril, je sens une affaire cruciale pour l'époque. Cyril exprime, aigu, cette nouvelle sensibilité du monde qui à moi se dérobe, je veux comprendre. Je commente Céline toute l'année (les *Entretiens du Professeur Y*). Et, grâce à Cyril, je comprends, un peu, j'aperçois quelque chose.

Mais le cœur de ce lien d'écriture est le théâtre. Cyril éprouve le monde à travers le théâtre, il le pratique comme scène. Le théâtre est l'instrument par lequel il se saisit de tout: du politique, du littéraire, des amours, des couleurs du temps et du monde. Cyril exprime à vif ce mode d'être au monde dont le théâtre est le langage approprié, l'expérience pratique la plus crue. Cyril vit le réel et les vivants à travers le théâtre, et comme théâtre. Il les empoigne par le catégorial de la scène. C'est pourquoi il se situe, en cela radicalement de son temps, à égale distance du texte et du plateau. Le plateau lui sert à interroger les textes, à jeter son filet sur tout: Stétié, Quincey, Kant, Joyce. Que quelque chose lui arrive (vienne à lui), et il l'interrogera par le moyen de son devenir théâtre. Mais, dans l'autre sens, il inonde le plateau d'écriture. Il n'est praticien que d'une scène éprise de mots. Le théâtre comme expérience: expérience du théâtre, et du reste. Je ne sais comment exprimer cela au juste, au plus juste, mais pensant à Cyril, j'ai le sentiment physique de cette instrumentalité générale de la scène, de cet outillage à tout prendre. Le théâtre pour Cyril n'est pas une région, un domaine, mais une modalité de l'expérience des choses, constitutive, transcendantale. Même le roman, dont il est si friand, n'y échappe pas. Ce n'est pas par hasard qu'il se saisit de

Joyce, et dans Joyce d'*Ulysse*, et dans *Ulysse* de « Circé », un des paris des plus théâtraux de toute l'histoire du roman (en général) archi-théâtre, théâtre absolu, théâtre de tout. Cyril n'adapte pas les textes pour la scène : il lit les livres comme théâtre, comme théâtre des livres et du dehors. Le théâtre de Cyril est une prise, un poing, une attrape de la matière des choses – et de nous.

Je ne peux parler de lui qu'au présent. Je vais dire ceci, qui ne va pas de soi : depuis sa mort, sa présence augmente. Présence à moi, à ce qui a lieu, au temps qui est le nôtre depuis qu'il est parti. Grâce à quelques-uns, qui font beaucoup pour la *cultiver*, mais grâce à sa teneur intrinsèque. Grâce à elle, grâce à soi. La grâce infinie de Cyril m'est présente, au présent. Je me demandais, avant ces lignes : pourquoi, parlant des morts, ne dit-on souvent que du bien ? Est-ce pure complaisance ? Je ne le crois pas du tout. Dans cet épurement de la parole s'exprime une dimension radicale de ce qui nous arrive après leur départ. Bien sûr, je n'aurais jamais rien eu à dire de désagréable sur Cyril, je n'ai eu aucun contentieux avec lui. Mais il ne s'agit pas de cela. Le départ de Cyril me soulève, m'élève jusqu'à ce qu'il laisse dans sa place vide. Je pense à lui, son sourire grave et concentré me regarde avec une acuité sans réserve. Il est là, au creux de son absence. Il est. Sa grâce, l'infinie grâce de l'enfant qui entre en bondissant sur la scène et fait de grands pas en l'air me saisit et m'appelle à une primordiale fidélité.

Denis Guénoun,
avril 2005.

# MADELAINE MUSIQUE

variation autour de *Lecture d'une femme*

de Salah Stétié

# À L'ÉVENTUEL LECTEUR

Concernant la présente adaptation j'aimerais prévenir : il ne s'agit pas d'une mise en théâtre scrupuleuse, d'un simple passage, mais plutôt de la rencontre de deux écritures, de deux préoccupations littéraires différentes, pas opposées, et allons-y, de cette joute parodique entre un nouveau-né sur sa mule et un seigneur sur son chameau (reste à savoir qui est la mule, qui, le chameau !) Les libertés que j'ai prises en écrivant MADELAINE MUSIQUE, insolence et ironie mêlées, exubérances de toutes sortes, vont dans le sens de cette petite guerre qui est à mon avis celle que mène tout écrivain (hi ! en suis-je ? hi !) à ses ancêtres ou contemporains. Ce serait là un thème (hu ! hu ! nous y avons pensé !) de récit pour le moins : toute entrée en littérature est un meurtre déguisé. Pour finir, le texte même de Stétié est ainsi, irrévérencieux, éclaté, mordant ; l'adapter (le chevaucher ?) avec un respect laborieux eût été il me semble, l'œuvre d'un universitaire presbyte ou d'un auteur gâteux. Je ne suis encore ni l'un, ni l'autre.

Cyril Grosse,
septembre 1990.

# L'OMBRE D'UNE PARODIE

## *Prologue des tragiques et prologue des fous*

Deuxième version*

### SUR LE THÉÂTRE

**LE POÈTE – JAMES EVAN – UN SARCOPHAGE – POULES – COQS et VACHES, toutes sortes d'illusions – CHŒUR D'ÉDITEURS – PROPHÈTES – JUAN GIL et SIR JHAVET en quête d'un plaisir illicite – SALAH STÉTIÉ, et**

**Rampes à l'ancienne (Moquez-vous, passez, passez), bougies, ampoules, guirlandes, Hu !, luminaires. Un ocre poussiéreux, vieille salle – Vieux fauteuils ; toiles partout aux murs (Hu ! Hu !)**

**Figures et poses déchirantes sur un radeau, joyeuse course champêtre, naines et nains, mystificateurs dévorant leurs enfants (roses, roses), femme fausse fameuse face, taches serpentines bleues et fou jaune fuyant. Taches miel, orangées, rouges, éclats de violets, filles nues, filles habillées. Rectangles vifs de verts (Passe déjà cette canne de frêne, JAMES EVAN en haut-de-forme) et poursuivez, poursuivez, ou pour conclure, disposée ici et là, de la peinture.****

LE POÈTE – En culotte courte et débardeur marin, il porte des souliers vernis, son visage est cerclé (Que lisez-vous ?) et il est monté, perché, juché sur un énorme vélo blanc.
Il entonne.
Dois-je le dire, maman ?
Que faire ? Que faire ?
Le poète sur son vélo blanc.
Sale ou glissante affaire.

CHŒUR D'ÉDITEURS – Le poète sur son vélo blanc.
Sale ou glissante affaire.

* La première version se trouve dans *La lumière des hommes* de Cyril Grosse. (Les Cahiers de l'Égaré, 1989, épuisé.)

** À comparer avec la première page du roman inachevé de Cyril Grosse, *Le Peintre*. (Les Cahiers de l'Égaré, 2002.)

Un prophète – Écartelez, tirez ! Au voleur ! Mélange ton œil, barbot.
Sa gueule, sucre d'orge, ses yeux.

Le poète – En hydravion (quoi ?), un châssis à la main, pinceaux et couleurs. Ou pour conclure, ici et là, disposée, de la peinture.
Il chante.
Dois-je le dire, maman ?
Que faire ? Que faire ?
Le poète sur son avion, quand ?
Sale ou glissante affaire.

(Entre JAMES EVAN, un sarcophage romain posé sur le dos, géraniums en guise de perruque, canne de frêne, gants blancs.
À ses côtés, devant, derrière, poules citrons, poussins et coqs. Vaches, Meuh !, taureaux pour le moment.)

James Evan* – Et pourquoi le nommer ? (il hurle ou pas) car enfin qu'en sais-je ?
Suis-je chien ? Suis-je loup ? Grenouille, lapin, écureuil ?
Début, entr'acte, fin. Il monte sur une table, renverse le mobilier.
Tire des coups de feu, gesticule, gifle une serveuse…

Le poète – Vous dites ?

James Evan – Écrivez, mon vieux ! Je distance, accrochez-vous !
…Tire des coups de feu, gesticule, gifle une serveuse.
Laquelle ? Une serveuse, et faites entrer du monde, à volonté.
Laquais, pucelles, idiotes, femmes du monde et une…
Une seule, unique actrice de cinéma, blonde, Américaine. Suis-je ?
Ouaf ! Faites entrer, il sort.

Le poète – Reprenez. Reprenez.

Chœur d'éditeurs – Dois-je le dire, maman ?
Que faire ? Que faire ?
Le poète, le poète nous ment.
Sale ou glissante affaire.

* Ou James Baratynski evan.

LE SARCOPHAGE ROMAIN – Rabot, coqs, poules et poussins dans une marmite, le poète fait sa prose comme je cuisine.

CHŒUR DES POULES – Jeunesse, tristesse, jeunesse. Pauvres de nous,
Meuh ! (plus long)
Maeuh, Taieut, Meuh.

JAMES EVAN (Des coulisses, ou pas. Il hurle) – Dehors ! Dehors ! Dehors !
Gras public, crispants critiques, vaches grossières.

CHŒUR DES VACHES – Cocorico. Grossières poules et coqs plumés !

JAMES EVAN – Public de dromadaires, chameaux torche-papier
Que jamais je ne veux revoir en ce temple.
(La larme à l'œil) Mon théâtre.
JAMES EVAN, il se vêt (toile de fond, en lin), se fourre une couronne d'épines sur la tête, saigne en abondance.
Humides ignares, torrent de chiasse, sabots sans bosses.
Bossus piqués d'étoiles, vous en foutrai-je ? Hu ! des coups de pieds au cul. Et que faites-vous ici encore ?
Comment ? Encore là, bois sans écorce ?
Du haut de l'acropole, il chie.
Ah ! Ah ! Dehors ! Dehors ! Dehors !

CHŒUR DES LETTRÉS – Marchands du temple, marchands du temple.

JUAN GIL ET SIR JHAVET – Ils passent en jouissant, du théâtre et de la scène.
Ça vieux mon barde, mon vieux, ô barde.

(Ils tirent une langue blanche, effleurent – Quoi donc ? – Foutent et jouissent à nouveau ; ils sortent.)

TOUS – Dois-je le dire, maman ?
Que faire ? Que faire ?
Obscénités que le poète vend.
Sale, sale et glissante affaire.

SALAH STÉTIÉ (Sur un promontoire, face à des squelettes de coques, planches éparses d'après tempête… Paraboles, i, paraboles…) –
Les yeux fermés, qu'auront-ils fait, ô mer, et que pourra-t-il faire, lui ?

(Il ouvre les yeux, farce de faussaire, aperçoit la flotte et son cadavre, double menteur, sur un rocher.)

Ô clown, ô gamin, que reste-t-il, ô, des Grecs, i !
Traîne, trie mes ébats sur l'eau sèche. Trie, ô, mes triangles, trie, traîne, trie.

(Il sort en dansant, première sortie tragique.)

## ET DU CIEL, SUR LE THÉÂTRE. PASSONS

**LE DIRECTEUR – LE BOUFFON – LE POÈTE DRAMATIQUE – NYMPHES ET ANGELOTS – CHŒUR DES ASSASSINS – PLUME FOLLE ou pas... MACHINE À ÉCRIRE, c'est selon.**

LA PLUME FOLLE – (Qui s'en empêcherait ? Fausse monnaie, singeries et tralalas ; vous perdîtes-vous ? Et eux ! Et nous n'en sommes qu'aux dramatiques, « Antipasti », attendez voir, où ? Le roman, Hu !)
Qui ? Que passe-t-il ? Quoi ?

LE DIRECTEUR DE THÉÂTRE* – L'Art est parodique, bien sûr.
(N'écoutez rien, notez : L'on se moque, l'on se fout de tout,
Marquez le on, marquez-le !
Que dites-vous ? Miroir aux alouettes, reflets et papillons. Laisssons faire.)
L'Art est vol d'oiseaux, renardissimes plagiaires ; menus larcins, attaques à main armée,
cette prose touffue est empruntée, demandez donc alentour…
… Mais qu'y puis-je, n'est-ce pas ? Qui est poète ?
Poète : Parenthèses, ô, et questions.

(Silence. Premier malaise dans l'assemblée.)

En costume d'orateur, face au peuple d'Irlande, disons, manteau de pourpre brodé d'or, est-ce le Roi ? Et pourquoi pas ? Rubis sur l'ongle, et ? Et voici le Grand Homme qui fascine les foules, il descend de cheval, monte sur une petite estrade, ses fiancées, toutes des vierges, filles du pays, toutes les filles d'Allemagne et de Russie, se tiennent prêtes à recevoir le saint sacrement ; il sourit, il tousse, il s'adresse enfin… Ses enfants.
Oh, Oh, défaillances, Hi, certaines minettes qui tombent, s'évanouissent. Ah !
(Vous aurez relevé, et là encore, l'emprunt, mesdames, le jeu. Énumérez les différentes allusions que l'auteur, avec goût, disposa. Notez l'importance de celles faites à l'Irlande, l'Allemagne et la Russie ; Laissez, laissez.)

* OU L'ACTEUR DUCREUX

Comment, c'est ici alors que tout se trame, fameuse pomme lancée à notre table.
Comment, il s'agit bien de ça, de répit point, mes poètes, mon bouffon, ils s'amusont, ils s'amusont.
Comment, et je fais dans l'audace, exubère et me touche. Bah !
N'approchez pas ;
Comment, ou me jeter dans le rouge de ses nuits noires, ô Amérique, i
Comment, flotter dans l'œil de tes serveuses, maman, tes berres vleus de bruns bourbons.
Comment, j'irai mentir dans une rue là-bas, miel, et ton soleil rose, ivre, maman, ivre
Comment, danser, ô, dans tes bouges, Hi,
LILYE et son piano, orangée. Oh, comment
Je me souviens. New Orleans, New York, me perdre vieillards !
Las Vegas, belle vieille,
Comment, soyez lyriques mes pères, signez-vous, les Jéons Naunes,
Las Vegas, toutes les couleurs du livre
Comment curé, triangles sonnez vos cloches, i ! carrés, o !
L'Amérique, oui, mais vous y vîntes, nous y voici, comment la pomme, notre table, oui ; comment ?
Un pâle pantin parricide n'est plus – ni teintes sans éclats –
**Le gras théâtre est mort, maman**
Sale, sale enterrement, mère, pissez, pères, pissez, ô !
Je n'irai pas, je n'irai pas.

Le poète dramatique et son bouffon – En enfants de chœur, suivis d'une multitude d'angelots, de nymphes (satyres, pourquoi pas) en tutus bleus ; ils font une ronde, à l'idylle, aux sentiments, candides. (Doucereux, miel, foutre de Dieu !) ils s'élancent et dansent. Hi, Hi, chantonnent, chantonnent, Meuh…
Allons, Directeur, allons
Quoi ? Le théâtre mort, et quoi ?
Ce ton,
Allons, Directeur, allons
Si le théâtre meurt, nous le relèverons.
Quoi ? Et le joyeux public, Maître
Votre Hôte, quoi ? Pouvez-vous vous
Permettre.
Et votre vie, la leur, ô, Maître,

Dans un décor de planches, c'est
Naître.
Quoi ? Et la postérité voyons ;
Faire des drames, les jouer allons,
Vous, lyrique, Saint Patron
Allons, Directeur, allons.

NYMPHES ET ANGELOTS – Vous, lyrique, Saint Patron
Allons, Directeur, allons.

LE DIRECTEUR – Famélique, mal rasé, en artiste maudit, cheveux hirsutes, yeux rouges, cigarette aux lèvres et,
pardessus noir troué, godillots de même ; posant pour une photo des années trente aux côtés de… En incompris, en libellule, ou en chouette.
Hurle, hurle dans le brun ton refrain exalté, hurle, Meuh
« Allons, Directeur, allons. »
Qui est-ce, ah ! ce public, ces grappes ; écoutez JAMES EVAN, chantez !
Qui est-ce, laissez-le faire son acte : Public de dromadaires et chameaux torche-papier,
Qui est-ce, dehors, crabes, dehors ! Et pour ce qui est du reste, j'en roâte, femmes ce repas ne me sied ;
Qui est-ce, vos troupes pour commencer. Bah ! Ces mamelles,
Vos actrices poètes, tenancières de maisons,
Qui est-ce, pour ce qui est du reste, j'en rote, bouffon.
Bah ! Vos vertes danseuses folles, en pourpre, à lécher !
(Saisissez-vous, mesdames, le piège ? Celui-ci est bien pris, le faire venir, hurler, mourir, peux écrire Directeur, le voir partir amoureux, valseur. Saisissez-vous ? Ceci ou alors autre chose, machines à sous, passent DIDEROT JACQUES, son Maître. L'Art est parodique, l'on aura deviné ; passe une figure romantique, *Werther* à la main, mais aussi et surtout… Le prologue. Accrochez-vous, lisez et je devance. Hu ! Ils s'amusont, ils s'amusont.)

En écrivain populaire, barbe blanche fleurie, l'auriez-vous reconnu ?

En Homme de Lettres devant une Chambre de Députés. Il plaide. Quoi ? Encore là, et qui regardent, en rient ? Phoques, faites marcher le cirque, en musique ils viendront.

Quoi ? Chie-je, ne chient-ils donc jamais sur ces tréteaux, quoi ? Vieux pincés, faites marcher la baraque mais sans moi ! je préfère la laitière boudinée, m'enfiler un whisky, quoi ? À la…

(Coups de pistolets en rafales, l'édifice s'écroule, le Directeur aussi.)

CHŒUR DES ASSASSINS – Qui montent au ciel. Monte ! Et du ciel, notre ciel, quand ?

## – 1 –

## LES REMPARTS-MIEL, LES REMPARTS ORANGES, LES REMPARTS-MIEL.

**Le poète – L'Écho – Récit – Chanteurs grotesques – Chœur.**

Le poète – Un jour après ma mort, HÉLÉNA regarda le ciel.
Face à la contemplation matinale, il n'était que proposition vulnérable.

L' écho – C'est-à-dire ?

Le poète – Que tout d'elle était pris dans ce beau piège.
Elle imagina

L'écho – Imagina-t-elle ?

Le poète – L'énorme chose bougeante : l'univers.
Elle était nappée, et ses cheveux eux-mêmes, dans ce vent.

L'écho – Elle-même – ce vent ?

Le poète – Et pourtant elle se sentait sous la joliesse de la peau jeune tendue pleine de souples organes, ô douceur. Pleine de résistances, sous la fausse candeur des courbes. Légère : lourde d'un poids.

(L'Écho et le Poète, chant, i, mêlé, o.)

L'écho – Et des boucliers partout pour la défendre.

Le poète – Ceux, tout de pureté construite, des seins.

L'écho – Celui, invisible, du ventre, autour du vertigineux nombril.

Le poète – Celui, étroit et fort, entre ses cuisses.
(Seul)
Beau piège et beau gibier, HÉLÉNA belle.

(Silence)

LE RÉCIT – Elle bâilla, heureuse et vide.

LE POÈTE – Heureuse, rêva-t-elle et parce que j'étais mort.

LE RÉCIT – Cela signifiait quoi ? Que sa vie allait reprendre là-même où elle l'avait laissée, il y a ?

LE POÈTE – Il y a dix ans – pour me suivre dans ma course désordonnée, fleur arrachée, racines et terre, à la quiétude, certes bête de la nature.

CHANTEURS GROTESQUES – Disons : fleur-bête, et l'éclat aveugle de l'une et la vigilance de l'autre, exaspérée. La double unique avidité : tous crocs et pistils dehors.

LE POÈTE – Elle était fleur, elle était bête, mon bonheur.
(Chant. Mélopée. Hymne.)

LES GROTESQUES – Elle était belle, MADELAINE, i
Et bête, et fleur, et bête
Elle était bête, fleur-bête, i
Taieut musique, taieut, taieut.

LE RÉCIT – Et comme elle avait faim, elle, d'assise dressée d'un bond, se dirigea vers la cuisine pour se préparer, devant l'autre fenêtre aux trois médiocres géraniums, un peu de thé.

## – 2 –

## FORÊTS ET CAVERNES.

**Le poète – Chœur – Salah Stétié – Les forêts en désordre – Dix mille doigts de bronze – Goethe à cheval – Méphistophélès – James Evan – Le sarcophage romain – Un acteur – Le roi – L'ouïe – Le commandeur – Le rabot – Une voix – L'ombre de Juan Gil – La poule abstraite – L'écriture.**

Salah Stétié – En soprano, il court. Long chapeau rose enfoncé jusqu'aux oreilles, face citron, maquillé pour chanter, faux cils, yeux faits en couches oranges et brunes, sac de perles à l'épaule, dessous:
Culottes (pluriel, pluriel) jarretières, ou
En petit père à la tribune, moustaches et uniforme kaki.
Il déclame du SALAH STÉTIÉ.
**La mort est une habitude comme une autre...**
(long silence, second malaise dans l'assemblée)
**Encore faut-il la prendre.**
(rires, triomphe, triomphe)

Le poète – Cloué sur une croix en bois d'olivier, nu, couvert de sang; il expire, dernier râle, ou entouré de nymphettes qui dansent et fêtent le printemps. Il fait ses pointes en tutu.

**Une habitude à prendre, une respiration à trouver.**

Pour l'instant, je ne respire pas: j'émerge. Il y eut quelque chose qui n'était pas la nuit: un formidable craquement comme si l'espace se retirait de partout avec ses forêts en désordre.

Pendant que se produisait cela, j'étais, moi, parti et resté
(comprenne qui pourra)

Les forêts en désordre – C'est l'oubli de l'auteur, toutes les couleurs du livre, mesdames! dernière course du poète dans cette étrange carte postale:
Lourdes taches, rouges traînées, éclats de verts, de violets, de bleus.
Taieut, Taieut, i

Symphonie de merdeux, grosses caisses, cymbales, fauves graeuh! tigres et pumas.
(passe un LUDWIG VAN, crinières aux trousses, lions au cul. Oh! poursuivi par)

LE CHŒUR – À mort, mort du poète, poursuivez, poursuivez.

LE POÈTE – Les forêts, c'est de moi qu'elles tiraient leur puissance de grondement et de dispersion et, malgré ma stabilité décisive, elles réussissaient à m'entraîner, agrippé que j'étais de mes dix mille doigts à du linge, à du lin. À des draps froids de bronze. Mes dix mille doigts de bronze.

LES DIX MILLE DOIGTS DE BRONZE – En culotte courte et débardeur marin, souliers vernis, nœuds dans les cheveux, chevelures (les cheveux ? Et qui y va si fort ? Cheveux ? doigts, cheveux ?)
Ils vont, viennent et vont; musique! musique!
(passe GOETHE à cheval sur le dos courbé, tristes côtes, de MÉPHISTOPHÉLÈS; ils sourient – ils sortent.
Entre JAMES EVAN, il court, furieux, écarlate, prêt de l'asphyxie. Diabétique ? Asthmatique.)

JAMES EVAN – Vous verrez, vous verrez! attendez donc la suite.
(Long silence. Nouveau malaise.)
Allons, allons.
(Il disparaît. GOETHE et MÉPHISTO passent encore. Ils sourient et sortent. Hu! Hu!)

LE CHŒUR – Poursuivez.

LE POÈTE – Le battant de mon cœur frappait lentement les parois démesurées d'un orage strict et, lui aussi, plus que de la foudre, proche du bronze. Plutôt que de céder à la course des forêts, je me transformerai, me disais-je hâtivement, en sarcophage romain, avec le lourd couvercle. Tromper la mort ainsi, (sourire), à l'aide de son plus solennel appareil: donc, j'y pense tout à coup, je me savais mourant! Tromper la mort en me déguisant en sarcophage; elle n'y verrait, flamboyante, que du feu.

LE SARCOPHAGE ROMAIN – Passent (Quoi donc ?)
Passent DON JUAN, HAMLET et toute une assemblée de peintres désabusés. Pantelants.

UN ACTEUR (Haches, coutelas… Trous dans le ventre, les yeux, les bras) – Ah ! suis-je fait ?

LE ROI (Nu, dans son bain) – Une assistance, des médecins !

L'ACTEUR – Maudites pointes, hélas, ce coup mortel. Eh ! bas les peintres, malédiction, artistes et vos couleurs. J'expire, je meurs, et le reste, le reste…*

LE SARCOPHAGE ROMAIN – Silence !*

JAMES EVAN (Plus furieux encore, un châssis à la main) –
Dois-je le crier ? Comment dîtes-vous ? Le vomir, dois-je le vomir ? Salaud, infecte insecte de basse-cour.
Voyez, voyez, même SHAKESPEARE dans les filets de cette baleine, et ESCHYLE ô mes Grecs, mon Théâtre, ô ma Mie.

LE POÈTE – Mais vite l'orage de bronze retournait à sa vieille nature électrique; des foudres se faisaient et brutalement, se défaisaient.
Le sarcophage abritait le Commandeur et celui-ci se surprit à douter des principes de son commandement. Reprenait brusquement – déchirement de l'ouïe – le craquement: la soie cosmique se coupait en deux, s'effilochait, avec éclatement de falaises et tassement de montagnes, apparition entre deux portes d'un raz de marée aux crêtes scintillantes, à peine vu évanoui.

L'OUÏE, LE COMMANDEUR – Musique ! crinières, fauves, cymbales; musique ! musique !

LE POÈTE – Restait – restait le sarcophage; et son marbre tremblant.
Un rabot vint.

* Hamlet V2 : Le reste est silence.

LE RABOT – En toge, garniture de lauriers, sandales grecques, romaines, ou cothurnes, cothurnes.
La respiration se mua en copeaux, ô menuiserie de la forêt délirante ! Dislocation du rabot par entêtement du marbre, effritement du marbre sous l'âpreté rabotante.

LE POÈTE – Le cœur ? Il y eut de longues, longues dunes de sable qui fuirent, remplacées par de longues, longues dunes fuyeuses. Le vent sans espace qui se cognait à lui-même dans une ronde sournoise et machinée. Et le cœur s'envolait devant le harcèlement sablonneux, qui le rejoignait, le rejoignit, le souda à sa pierre puissante agglomérée, à ce rocher surgi. Une dernière écriture courut dans le resserrement. Une poule abstraite caqueta et fit sa crotte.

LE CHŒUR – Poète ! Poète !

UNE VOIX – L'excrément, petite, n'est pas noble, pas admis.

LE CHŒUR – Poète ! Poète !

JUAN GIL – Ah, noblesse, nous y viendrons… Mais plus tard. Laissons.

LA POULE ABSTRAITE – Elle questionne. Chie-je ? Ne chie-je pas ?

L'ÉCRITURE – L'excrément, petite, l'excrément.

LE CHŒUR – Sont certains interdits. Poète ! Poète ! (Tous sortent.)

LA POULE ABSTRAITE – Meuh ! Qui traîne, qui traîne.

LE POÈTE – Les cimes des forêts plièrent et mugirent : le silence naquit du silence, schiste et gypse. Un gland tomba. Des volets furent rabattus dans le commencement d'une majesté. Ils emportèrent la lampe, et le fil à coudre.

## – 3 –

## UNE PROMENADE.

CHŒUR DES RAMPES – À vous les vieilles d'éclairer,
Bougies, ampoules, guirlandes.
À vous les vieilles d'éclairer
Luminaires, luminaires, guirlandes.

LE POÈTE – Il fait, sur la ville que je venais de quitter, une matinée profonde et joueuse, début du grand temps.

UN GROTESQUE – C'est une journée à la jointure de l'été, remplie de sanglots de fontaines, tumultueuse de vastes coquilles tendues à des soifs angéliques, encombrée d'allées et venues de feuilles en déplacement, courroucée de naïvetés fugitives : brûlure d'une fleur au rapt du regard, gourmandises d'insectes sombrement déterminés et musiciens, battements de soies intactes, robes et drapeaux, déployés sur d'invisibles patries.

LE POÈTE – HÉLÉNA, marchant de ses jambes déjà chaudes sur le trottoir d'avant l'arrosage municipal, met, dans tout cela, sa note rouge. Car, en signe de deuil, elle a choisi d'être rouge – et quel deuil plus visible ?

CHANTEURS GROTESQUES – Car en signe de deuil,
Elle a choisi d'être rouge,
Et quel deuil plus visible ?

## Une rue
### *(Carminée, pointes jaunes, ovales blancs)*

Le poète – Elle va, forte d'un hasard. Sa pâleur, décidée.
Il y a, qui le long de ses pas roule, un fleuve, à l'eau verte et grave qu'elle voit. Le fleuve entraîne et déchire des images : certaines, plus longuement, flambent et brillent, avant de disparaître.

Madelaine Musique – Elle dit, à voix basse, avec malaise : « Notre vie ». Elle, qui n'a pas trente ans, il lui semble que ses jours sont, comme les miens, enterrés.

Le poète – Que faire, lorsqu'on est si petite, HÉLÉNA, face à ces grandes orgues qui creusent avec obstination leur monde de songe ? Elle est tirée en avant, aiguille aimée d'un aimant. Elle est, plus petite fille encore, dans ce jardin d'enfance où, laissée sous un arbre qu'ébouriffe, et ses premiers nids, la très jeune nuit, brusquement, la voici prise de panique parce que là-bas, une fenêtre s'est allumée.

Madelaine Musique – Elle court, ivre d'égarement, vers cette lumière nue d'une fenêtre. Maintenant, comme naguère, elle est entourée d'appels ; comme naguère, elle, le souffle court, suit ses mains qui vont très vite, doigts grands ouverts au-delà d'une détresse vaguement simulée, vers le plus immédiat bonheur sensible.

## La promenade

Chœur des rampes – À vous les vieilles, à vous les vieilles !

Le récit – HÉLÉNA s'assied sur un banc de pierre, face à une grande boucle que fait l'eau sobrement dormeuse. Là-bas, sur l'autre rive, la basilique. Elle aurait peut-être aimé s'y rendre, s'asseoir, mieux qu'au tamis du soleil,
Au lieu de cela…

Chœur des rampes – Poursuivez, poursuivez !

Chanteurs grotesques – Coupe, mélange ton œil, barbot.

Le récit –… elle se lève, fait à nouveau quelques pas sous le voilier des arbres, retrouve le soleil, traverse la rue, monte deux marches et, d'un doigt plein de guerre, sonne d'un long trait ininterrompu à la porte de Marc-Aurèle.

## CABINET D'ÉTUDE, CHEZ MARC-AURÈLE BASILE
## *(Jaune vif, pointes rouges, blanches, ovales, bleus ; Hu !)*

RÉCIT – Cette porte, Basile l'ouvre, effaré. Il s'efface pour laisser entrer la survenante rouge. Il se tait, souhaitant et ne souhaitant pas qu'elle parle. Son cœur se prend et s'étrangle à des lacets, tandis qu'il suit du regard les doigts de la jeune femme dégageant l'un après l'autre les boutons du bustier puis, d'un mouvement plus vif que la foudre, dérobant la soie rouge : éclatent alors, dans le demi-jour, en lumière muette, les deux seins. Ce qu'elle va dire, Basile, que son cœur précipite dans un ravin, l'entendra dans un tohu-bohu d'échos mariés aux miroirs des montagnes :

**LE POÈTE – HÉLÉNA OU MADELAINE – BASILE, MARC-AURÈLE – UN VIOLONISTE.**

LE POÈTE – Basile, dit-elle, il est mort, et je suis morte.
Il était votre ami et, quelquefois, le mien.

MADELAINE – C'est-à-dire qu'entre lui, vous et moi

LE POÈTE – Vous qui m'aimiez et qui m'aimez toujours

MADELAINE – S'était créée une âpre figure géométrique, dont vous et moi, Marc-Aurèle, faisions les frais.

BASILE – Non que pour vous j'eusse de l'attirance,

LE POÈTE – Vous savez combien par lui j'étais réduite et dominée,

BASILE – Mais de vous savoir là, cruellement attentif à notre amour et ses déchirements,

MADELAINE – M'avait rendu indispensable et tout à la fois intolérée votre présence.

LE POÈTE – Pour que se formassent mieux ma joie

BASILE – Et ma douleur

MADELAINE – Dans l'espace innervé par ta souffrance.

BASILE – Lui l'aimiez-vous ?

MADELAINE – Il avait sur toi l'ascendant de l'esprit; tu avais sur lui la royauté du sentiment vulnérable comme fleur d'oranger, comme elle adorablement odorante.

(Entre le violoniste)

HÉLÉNA – Regardez donc, et voici que vos mains tremblent, la pleine nudité de mes cuisses car les voici pour vous moins que jamais secrètes, et dépouillées.

VIOLONISTE* – Regardez poindre comme l'aube mon autre chair,

MARC-AURÈLE – Celle dont si durablement se sont nourris vos rêves fous ou sages,

LE POÈTE – Celle dont aux détours de vos sommeils vous surpreniez le dangereux parfum,

MARC-AURÈLE – Mais je venais déjà de le quitter, laissant derrière moi, pour votre agacement, cette écharpe invisible que le vent jaloux résoud et détruit.

HÉLÉNA – Voici, voici, libéré par mes deux mains, le soleil de mon ventre qui monte brutalement et qui bientôt, sous la roideur inspirée de vos doigts, explosera à son zénith.

LE POÈTE – Et voici encore, ô miracle d'une eau proche d'un feu, voici mon centre, ma blessure crépusculaire, mon doux terrible carrefour, au rendez-vous de nos histoires et de nos préhistoires…

MARC-AURÈLE – Basile, dit-elle…

* Ou LE PIANISTE RONNIE.

## La promenade

Le récit – BASILE s'arrêta, ayant écrit par longs à-coups, interrompus de tasses de café confectionnées et prises silencieusement dans la cuisine, tout ce qui précède. Il jeta un regard vers le grand canapé où, dans un éparpillement de lambeaux rouges, blancs et ocres, HÉLÉNA dormait depuis plusieurs heures déjà.

## – 4 –

## WALPURGISNACHSTRAUM OU LA JOCONDE. INTERMÈDE

***(Commencez-vous à comprendre ?)***
***Au cinéma, dans un train ou au bordel. La nuit.***

### GRANDE SALLE

SALAH STÉTIÉ – LE DIRECTEUR – LE POÈTE DRAMATIQUE – SON BOUFFON – GOETHE – MÉPHISTOPHÉLÈS – JAMES EVAN – CHŒUR DES PEINTRES – CHŒUR DES ENFANTS – MUSICIENS ET ORCHESTRE – VOYAGEUR CURIEUX – ARTISTE DU NORD – MADELAINE MUSIQUE.

SALAH STÉTIÉ (Sur une colline, face à des squelettes de chars, canons épars d'après combat, paraboles, i, paraboles) –
Les yeux fermés, qu'auront-ils fait, ô, Terre, encore; que fera-t-il ? Ici se trouvait une admirable prose, irrévérence, sur la peinture, MONA LISA et DE VINCI;
J'y dissertais des heures, exposais les idées les plus…
En une langue, oui, métaphores ou allusions, audace, audace.
(Il ouvre les yeux, aperçoit les restes d'une armée en fuite et son cadavre dans un camion.)
Et qu'y mettrez-vous, à la place ? Le miel insane de vos orteils ?
Roquet, oh oui, merdeux !
À votre âge, j'ai eu, oh oui, ces palpitations, l'on découvre, l'on croit parler, défaire, coudre, casser;
Vous y reviendrez, ô ruines…

(Passent le Directeur, le Poète dramatique et son Bouffon.)

LE DIRECTEUR – Place, Monsieur, place ! nous installons, place, place !

LE POÈTE DRAMATIQUE ET SON BOUFFON – Voici le Prince, Maître des lieux
Enfin le Directeur Joyeux
Un intermède soyez heureux
Voici le Prince, Maître des lieux.

SALAH STÉTIÉ – Je vous préviens : De la peinture, des couleurs, une certaine insolence…

Le poète dramatique et son bouffon – Du théâtre ! du théâtre !

Salah Stétié – Sur un énorme fauteuil Louis XVI, posture de Monarque.
C'est moi, Messieurs, qu'il faudra étonner
Car de mes choix dépendent vos intérêts ;
Mais (et foin de rimes plates, ce n'est pas ainsi… Hu ! Hu !)
Le vulgaire ne m'amuse pas, clowns, ni les plaintes.
Ni même les chants d'amour ;
Rien ne m'égaie, peu me surprend, voyons !

(Entrent GOETHE, MÉPHISTOPHÉLÈS, JAMES EVAN. PEINTRES et POÈTES, CHŒUR DES MUSICIENS, en orchestre, ARTISTE DU NORD, VOYAGEUR CURIEUX… là encore, si vous ne saisissez pas, enfin…)

Goethe, Méphisto – Sarabande, ballet ! riez, public, allons ! rien n'est sérieux, ici, car tout est faux.

Le directeur de théâtre – Et que l'étrange fête commence, montez le décor, créons l'illusion ;
Vieille salle, vieil écran, jouons ! jouons !

James Evan – Nez rouge trempé en triangle, petite moustache, faux col et oreille coupée ou,
Il est accompagné d'une garce espagnole, nez en rectangle et rose, boucle de gitane, sans bouche ; ils déclament.
Brunes traînées d'ocre et de noir, passe le latin furieux car dépouille déjà, toutes les couleurs. Oh ! toutes les couleurs du livre. Dans la salle, d'oisifs gamins commencent à rire, au cinéma, dans un train ou au bordel.

Le directeur – En lièvre, il ricane, fait une révérence, sort son gousset, s'enfuit, revient (suis-je en retard ?)*
Il annonce.
Là, pleureront les MARIE, les MADELAINE, pleureront les MARIE-MADELAINE, car nous osons fillettes, première audace nôtre, avant toutes les autres (Hu !)
Pleurez les MARIE, les MADELON, pleurez donc les MADELAINE.

* Alice au pays des merveilles.

CHŒUR DES PEINTRES – C'est une toile, tubes et couleurs :
Passe une danseuse, en courbes et en traits, oui !
Elle court, la danseuse, seins nus aux bouts considérables, ventre-coupole en oranger, nombril, indécence, elle court la danseuse, Messieurs, jambes croisées, bras en avant, Mesdames, déguingandée, Hu !

SALAH STÉTIÉ – Poursuivez !
Il saute, défonce le fauteuil Louis XVI.
Du scabreux, une rondeur, de la fesse !

LE DIRECTEUR DE THÉÂTRE – En prophète, il traîne derrière lui le corps, œil et lèvres blanches de l'autre.
(Lequel ? Vous effleurez où il faut lire, romance.)
Il est nu, chauve, il tend les bras, il avance.
Ici, une course, divertissement ! Les gamins retiennent leur souffle, le wagonnet grimpe, les chaînes crissent, et (hurlements de toutes parts)
Descente ! fond de train, fond de train.
Sur le devant de la scène, MONA LISA et LEONARD poursuivis par une dizaine de tueurs en costumes rayés et chaussures à pointes ; derrière, une vingtaine de vieillards peints en sombre, Espagnols, mines tordues, ils passent ;
Le wagonnet pique vers le haut encore, clac ! et l'on replonge.
(Le tout dans le plus pur style épique.
Le Poète se plaît à faire, perdre, défaire ; MARGUERITE le Directeur est un pantin, c'est un prêtre, pleure petite, dans ton ciel, Hi !)
Alors ? Ce n'est pas un récit, allons, juste... Alors ?
Alors un nain se saisit de la JOCONDE et l'emporte, à ses trousses les assassins, LEONARD et les gueules en noir, le nain souffle, il s'échappe mais une balle l'atteint.
Ses joues frappent un goudron crayeux (crayeux ? o, métaphores, i ?)
Placez ici la scène fameuse, l'agonie d'un voleur, mort du pitre, ô falaises !

LE CHŒUR DES ENFANTS – Au cinéma, dans un train ou au bordel.
Triste histoire vraiment,
Ce nain, ce nain. Eh ! maman,
Triste film, triste vraiment.
Quel amour, quelle fin, maman.

Musiciens et orchestre – Marche funèbre, funeste, funèbre.

Voyageur curieux – Le cortège, un jardin ; jaune moucheté de pointes pâles, touches, pointes, détails.

Artiste du Nord – MADELAINE fait son entrée, le Poète l'accompagne.

Madelaine Musique – Un nain dans son cercueil brûlant

Le poète – Où s'échappe son sourire en hurlant

Stétié – JOCONDE, JOCONDE, MONA LISA lentement.

Chœur des poètes – Le nain dans son cercueil brûlant.

## SALON ATTENANT AU THÉÂTRE

**JUAN GIL – SIR JHAVET – THOMAS HOLMES QUYNCET – MONDAIN – DOGMATIQUE – IDÉALISTE – SCEPTIQUE – CHŒUR DES MARIS (trompés, trompes) – FILLES DE JOIE – UNE DANSEUSE et JAMES EVAN.**

CHŒUR DES PUTAINS – Nues ou emballées, en rose et rubans bleus ; elles sautent, jaunes jambes moulantes, rient, gémissent et jouissent, pieds foutus, en haut, en bas et à travers ; passent et font passer, épines ramoneurs,
Filles de joies, que voulez-vous ? JAMES EVAN en chantant crache la pipe qu'elles fument, sentez-vous cette odeur de café ? Le Poète se fait obscène.

JAMES EVAN – Ici pleureront les MARIE, les THÉRÈSE, les MARIE-THÉRÈSE ; parties et corps à corps, si vous voulez bien vous donner la peine, Mesdames !

DOGMATIQUE – Filles de joie, filles de joie, filles de joie

SCEPTIQUE – Que me faites-vous ? Oh ! Oh ! Oh ! Oh !

IDÉALISTE – Fleur qui s'ouvre, écoutez-moi ! Ah ! Ah ! Ah ! Ah !

THOMAS HOLMES QUYNCET* – Immense limousine blanche, ailerons et requins à l'arrière, il déguste, ceint par cinq blondes et brunes qui le chatouillent, un thé citron en tasse de porcelaine.
Si le théâtre meurt ? Jupe rayée rouge, diamant et cigarettes, cheveux noirs, monocle, mains qui saisissent le sein pulpeux d'une italienne, heureux ;
Mais il est mort, déjà ! achevé par la plume, amusons-nous, insinuez, de littérateurs. Ah…

JUAN GIL – Immense limousine sombre, ailerons et requins à l'arrière, même compagnie, funeste, funeste.
… Fils d'église et de bazars, la littérature, avouons-le, est cathédrale et parfumeries, aristocrate, j'en ris.

* Ce personnage est l'un des principaux personnages du roman de Cyril Grosse, *Le Peintre*, Les Cahiers de l'Égaré, 2002.

QUYNCET – Voilà ! c'est ainsi ! prose, poésie, noble-naôble-naôble-d'aristocrates, fils de mamans esseulées qui rotent en peignoir dans un bain chaud

JUAN GIL – Violent, Hi, leur couvée, adorables chétifs qu'elles plaquent et effrayent le long d'ancestrales poussettes

QUYNCET – Hu ! Huuu ! Huuuhuu ! ainsi la question ! (dérisoire, rassurez-vous.) Théâtre, théâtre, théâtre. Ces freluquets (à l'ancienne, pardon) m'amusent.
Père instituteur, mères paysannes, Taieut ! ces vers de vers terreux, en brun.

JUAN GIL – Levée des troupeaux, mitrailles ; Oh ! noble, théâtre
Noble ou mourir.
(Il s'effondre sur le dos rond d'une chatte qui saigne ou pas.)

CHŒUR DES MARIS – Ce sont nos femmes. Trompés ! Trompés ! Trompés !
Voyez-les faire, le tableau :
Le gris visage d'une épouse désolée, fausse, actrice et derrière (comprenez-vous ? Je répète, composition, assemble les morceaux.)
Les poètes bedonnants assis en rond, à table, chapeaux haut-de-forme et barbes.
Forniquent-ils sur la planche ? Ce sont nos femmes, trompés, trompés, trompés.

MONDAIN – Digne enfant de dix ans (Ces assonances, vos rimes, Bah !)
Oh ! Oh ! Oh ! Oh !

IDÉALISTE – Effleure la fleur qui pleure, ma fille enceinte. Ah ! Ah ! Ah ! Ah !

SIR JHAVET – C'est ignoble, boue d'un insensé qui s'exalte.
(À part)
Mais que faire pour l'arrêter, qu'y puis-je ?

UNE DANSEUSE* – Elle passe, sauts de biche seins nus, maillot bleu qui lui ouvre les jambes, elle rit.
Et me lancer, métaphores et arènes, ils sont plus de cent, moi parmi eux, chanter, jouer quand ils travaillent. Écoutez, écoutez !

CHŒUR – Mais ils passent sans même la regarder, la danseuse, la poupée ; mais ils passent, fade mélo, sans l'écouter passer, passer.

LA DANSEUSE – La fenêtre est rose désormais, et me voici en dessous, ô bas filés, grands yeux devant le lit où elle travaille.
La petite danseuse, fade mélo, en fille de joie, repose, repose.
Mais ils passent sans la regarder, la danseuse, pathétique, la fille sans joie qui riait, repose, repose.

QUYNCET – Aaahah ! noble théâtre ! à vort. Mi, Mi !

* Ou NINI POMME D'API.

## La nuit, en plein champ

**James Evan – Le directeur de théâtre.**

James Evan – Sur un cheval noir, en costume de DON QUICHOTTE.
Moustaches, armure, lance ou pas.
Qu'est-ce que cela ?

Le directeur – Cheval blanc, valet de chambre.
Prose, parodie, rien en somme.

James Evan – Et qui est cette fille ?

Le directeur – Elle vous ressemble.

James Evan – Allons ! allons !
(Conclure, poursuivre, dilemme. Ah ! et vocation. Écrire.
Hu ! mais qui parle ? God, Am I blind ? Théâtre, Hu ! faites-nous des romans.)

## – 5 –

## DEVANT LA PORTE DE LA VILLE.

**Chanteurs grotesques – Le poète – Madelaine ou Héléna – James Evan en intrus.**

Un grotesque – Arcs-en-ciel, mosaïque, arcs-en-ciel.

Un autre – Elle fut donc…

Le Poète – Et, me rappeler, me répéter le premier nom d'HÉLÉNA, son nom d'avant la rencontre avec le diable… MADELAINE MUSIQUE.

Grotesque – Elle fut donc MADELAINE MUSIQUE, elle fut HÉLÉNA.

Le Poète – Qui saura jamais d'HÉLÉNA la provocante ou de MADELAINE la secrète, la nature et la violence de l'enfer, tenants…
(Silence)
Quel âge pouvait-elle alors avoir ? Je la revois dans le soleil bruni d'une photographie morte. Habillée, pour sortir, d'une robe nocturne ou « du soir », comme on dit, brillante encore à travers les années.

Madelaine Musique – De grands papillons de soie rose s'étaient posés sur ce déguisement faste. Pourquoi donc rose ?
La photographie n'indiquait nulle couleur – mais c'est ainsi ! Ah qu'elle était grande déjà pour son âge !
Allait-elle à un bal ?

Le Poète – Ses cheveux faisaient à sa tête une agréable couronne, ouvragée de quelque torsade : la mode de quand ? Ses yeux – mais elle avait les cils baissés ! – ses yeux pourtant : je les revois grands ouverts dans ma mémoire d'homme. Cette image d'HÉLÉNA, il m'arrive de me demander si je l'ai vraiment touchée de mes doigts, la contemplant avec l'intensité d'un délire grave et sobrement retenu, ou si elle ne serait qu'une projection rêveuse et folle sur quelque vitre dans l'imagination. Sous la robe, je prévoyais le corps mal dégagé d'une brume, le corps de douce et chaude splendeur avec, ici et là, le peu de laine. MADELAINE MUSIQUE.

MADELAINE MUSIQUE – Arbre du corps dans le matin du monde avec les tendres nids et l'oiseau effaré d'être.

LE POÈTE – Plus tard, des heures entières, je disposerai ma tête, soigneusement, là où la femme, avant de rejoindre de ses jambes la terre, devient double. Ma tête à ce point de naissance, et le parfum profond dans la palpitation de mes narines, je rêvais :

JAMES EVAN – En intrus, Taieut ! Taieut ! Taieut ! Ih, Hi !

MADELAINE MUSIQUE – J'assistais à la longue montée d'un bel orage, et toutes les odeurs bientôt seraient libres.

LE POÈTE – Bientôt voleront les pièces portées, soies, lainages, aimables compagnons, radieuses proximités.

JAMES EVAN – En intrus, manteau noir rabattu sur les épaules ; petits cris aigus.
Bientôt ! Bientôt ! – il hurle – Réôse, énormes couches de réôse harmonieusement piquées, lourde traînée rouge ovales citrons, bientôt ? Bientôt ?

LES GROTESQUES – Quaeand ? Coups de pieds au cul, et coups au cul.

JAMES EVAN – Hu ! Uh !

LE POÈTE – Bientôt voleront les pièces portées, soies, lainages, aimables compagnons, radieuses proximités.

HÉLÉNA – Bientôt l'arbre sera le dur bûcheron de l'arbre et les sèves salives respirées.

LE POÈTE – Bientôt – c'était hier – la longue plainte de colombe sacrifiée, le dieu dans son jouet solaire.

HÉLÉNA – Bientôt la mort étrangement dispersée dans l'explosion enfin reposée des membres – et ce, et ce halètement de locomotive dont les feux baissent et dont la vapeur s'use.

LE POÈTE – Oh HÉLÉNA ! Comme ici, à seize ans peut-être, te voilà encore préservée, innocente du boutoir à venir. Sur cette photographie sauvée du déluge. Leur meute, ma biche. Leurs crocs doux et forts, leur haleine – et tout leur sang brûlé de tabac.
Leurs mots, pour te faire mal : où, dis, où t'ai-je le plus fait mal et en quel endroit, quelle région la plus tendre, tendre d'être intimement repliée sur l'origine ?

HÉLÉNA, LE POÈTE (Chant mêlé) – J'aimais à la folie tes lieux originels.

## – 6 –

## UNE PROMENADE.

CHŒUR DES RAMPES – LE RÉCIT.

CHŒUR DES RAMPES – Collier barbare, perles de verre multicolore.

LE RÉCIT – Après le piège du vent, HÉLÉNA est prise au piège des mots. Son destin est composé de phrases que le hasard assemble à l'image des événements que, de sa même main, le hasard a grossièrement réunis.

CHŒUR DES RAMPES – Collier barbare, perles de verre multicolore.

## Chambre d'Héléna

**Madelaine Musique – Le poète – Un violoniste.**

Madelaine, Le Poète (Chant mêlé) – Femme d'écriture : blonde et brune. Toute en triangles, losanges, rectangles – sous mes cercles. Peut-être vivante si, parfois, quelqu'un me parle. Je deviens alors rose là même où personne ne m'a jamais vue.
Douce à l'esprit comme au sucre la mort : là même où jamais personne ne m'a vue. Rose et tendrement rose, à peine un peu ouverte, là donc où jamais je ne fus vue.

(Passe un violoniste, lait fraise toujours, mais ici le rouge empiète, je glisse, longue, longue traînée rouge ! Hu ! comprenez-vous ? Hu !)

Madelaine Musique – Ah ! viendra-t-il, lui, le mort humer dans mon sommeil mon linge humide ? Oui, je sais qu'il viendra et que déjà il lui arrive de rôder dans ces petites pièces de ma vie où je vais, têtue, têtue, l'œil écarquillé de face et velouté comme celui de l'Égyptienne dans un éparpillement de glyphes auxquels personne, moi la première, ne comprend rien.
Mon grand blessé d'azur. Il sait que je suis odeur sans support : folle ! Maintenant que, dans sa rêverie et la mienne, je ne suis plus qu'abstraite : un peu de feu, un peu d'étoffe, un peu de fil. De fil en fil, au fil de la rêverie : m'effilochant, me dissolvant.
Retour à toute source, au noir paru entre l'éclat des cuisses, encre renversée. Je ne suis, fil repris par l'encrier, qu'un rien qui se dissipe, rose éteinte.
Éteinte ? Non : têtue – jusqu'en ce point où pourtant je finirai : je ne suis, naïve, oui naïve, – et tendre – qu'une femme, folle et tremblée, d'écriture.

## Cabinet d'étude, chez Basile

**Basile – Le récit – Madelaine Musique – Le poète – Chœur des rampes.**

Chœur des rampes – Rampes à l'ancienne, bougies, ampoules, guirlandes, Hu ! luminaires.

Basile (Il est assis, vieille table Louis XVI, il écrit.) – Récit, récit, récit ;
Maintenant que tu n'es plus personne, qui es-tu ?
La question vole dans la chambre et rebondit d'un mur à l'autre comme une hirondelle égarée. HÉLÉNA, toute présence et présences, interroge pour la première fois l'absence. Elle a des yeux pour voir les géraniums, des oreilles pour savourer la flûte des fontaines, des mains pour flatter les lions de marbre frais des perrons, des pieds – et des orteils – pour faire rire en le creusant un peu le sable luxueux des plages qu'elle aime : elle n'a ni yeux ni oreilles ni mains ni pieds ni rien pour la mort, et le mort. Elle pense à lui comme à un traître, à sa mort comme à une trahison longtemps cachée et préparée en silence à son insu par celui qui camouflait son jeu terrible – et futile – sous les apparences de la vie.

Madelaine – Après tout, il lisait trop de poésie, amant fabricateur de mensonges.

Le Poète – Où, le mensonge dans cet azur, où le repli ?
Paradis de légèreté, enfer de solitude.

## – 8 –

## LE RADEAU OU JARDIN DES POÈTES, PARTONS.

SALAH STÉTIÉ – En personnage de théâtre, costume et cotillons ; à l'avant d'un bateau, en pleine mer, tempête, foudre, éclairs (nous y sommes, y sommes-vous ? Lecteur.) En Capitaine ou Maître d'embarcation, il essaie de tirer du désastre des cordages noueux, symphonie, Hu ! paraboles, Ah ! Il est bon d'être l'écrivain… Aux grosses enjambées ? Oui, oui, ô archétypes, ô blancs triangles, ô tralalères, Hi !
Il fit quelques pas vers la fenêtre où tous l'attendaient, il dit
Je veux être le Poète d'une puce d'un moucheron, que l'on dise de moi, Poète des libellules et des lézards… Il est bon, ô et ne m'oubliez pas.
Alors il s'effondre et pleure de longues chenilles qui l'étouffent, adoration de prophète, Hu ! où est-il ? Qui ? Où le prophète ? C'est la fin ; Hu ! Poète de vers terreux, histoires, noble théâtre noble ou mourir.)
Virez, Marins, virez ! trimez, poussez… et jouir !
Il saisit son cadavre sur un mât, le fixe douloureux, gouttes d'eau de mer sur le visage ;
Qu'auront-ils fait de nous, ciel, lui ne pourra plus rien faire. En finir ! en finir ! en finir ! et il jette sa dépouille par-dessus bord.
Poursuivez !

CHŒUR DES MARIS – À soixante, à vingt ans
Nous finirons, graeu lions
Vieux, déçus et blancs
Au jardin des poètes, partons.

ÉDITEUR – Le jardin des poètes ? Nous y passions autrefois mon épouse et moi-même ; là il m'est arrivé de regretter les LILIE, LAURIE, ALICE, des bals dans la nuit… Chantez-la encore !

CHŒUR – À soixante, à vingt ans
Nous finirons, graeu lions
Vieux, déçus et blancs
Au jardin des poètes, partons.

Salah Stétié – Furieux, plus encore, en prophète (Soignez votre style, nous approchons, furieux ou, en satyre, non, ni putain, en roi, sceptre, couronne et tralalas, il hurle.)
Il s'agit de navires, de haute mer ; flots, lames et flots, vos fleurs, après, la quiétude, le bonheur, jamais.
Il s'agit…

Chœur – Faites entrer !

## CHAMBRE DE MARGUERITE

**JAMES EVAN – LE DIRECTEUR DE THÉÂTRE – LE POÈTE DRAMATIQUE – SON BOUFFON – GOETHE – MÉPHISTOPHÉLÈS.**

JAMES EVAN – 1er janvier 19…
Traverse l'Atlantique en compagnie d'une petite fille, MARIE*;
figures et passagers autour de nous;
œils bleus, points, poissons, grappes grises de raisins, en bas.

LE DIRECTEUR DE THÉÂTRE – 30 février 18…
Après naufrage. Notre embarcation tient encore, postures déchirantes, notre radeau avance, embruns, faces mains tendues où allons-nous ? Nul ici ne le sait.

GOETHE, MÉPHISTO – 13 avril 19…
Ces jeunes femmes nous regardent pour commencer, puis elles approchent, nous déshabillent (étranges coutumes) et alors qu'elles poussent de petits cris stridents, leurs visages se font ocres, se font carrés, puis-je l'écrire ?
Un peintre nous observe, c'est sûr.

JAMES EVAN – 7 juillet 19…
MARIE* radieuse, tout se mélange, nous fêtons son anniversaire, tempête ou mer calme,
MARIE* aura toujours dix ans.

SALAH STÉTIÉ – Incroyable barbouillard ! que croyez-vous qu'ils comprennent ?
Rien, Monsieur, rien ! pas un clou qui ne tienne sur cette barque ; faites-nous des histoires, du récit ! théâtre ! théâtre ! théâtre ! agonie, ô ciel, petite mort !

LE POÈTE DRAMATIQUE ET SON BOUFFON – À soixante, à vingt ans
Nous finirons, graeu lions
Vieux, déçus et blancs
Au jardin des poètes, partons.

* Marie, 7-8-9-10 ans, un des principaux personnages du roman de Cyril Grosse, *Le Peintre*, Les Cahiers de l'Égaré, 2002.

## L'Église

### Chœur des enfants ou Chœur des assassins.

Récit – Dans une belle chambre rose jouaient deux cents enfants, débardeurs marins, rubans dans les cheveux, cerceaux, souliers vernis et trains en bois.
L'après-midi était si claire et si douce que l'on décida qu'ils iraient gambader dans le parc. Insouciantes petites créatures ! Dans le salon, les pères, amis des Lettres (nos poètes, avouons-le) fumaient quelques cigares en dégustant du cognac, mais…
Alors qu'on ne les y avait pas invités, les bambins se ruèrent sur leurs gentils papas, qui quoiqu'un peu agacés (bousculant tout sur leur passage) voulurent bien en rire un peu, l'on ferait de charmantes bêtises et puis…
Au bout d'un temps, l'un des pères se dit qu'il y en avait assez, « Oh, maintenant, retournez donc au parc ! » Mais il ne put finir, déjà une vingtaine de marmots étaient sur lui et le taquinaient gentiment. D'abord, ils ne quitteraient plus la pièce, cloués à leur fauteuil. Ensuite ils auraient les bras enlevés, puis les pieds, puis les jambes, et l'on se mit au travail sans plus attendre. Coups de pinces, coups de marteaux, au couteau, à la scie, au pistolet enfin, l'un d'eux ayant trouvé sous la commode, le vieil engin rouillé de Grand Oncle VERMICEL. Quel joyeux stand de tir devint alors cette adorable maison de poupées. Balles perdues ou balles volées. Comptine.
Le lendemain matin vers huit heures, l'on (notez les on) découvrit avec horreur les cadavres déchiquetés d'une quinzaine de poètes et leur couvée silencieuse jouant aux échecs, à leurs pieds. Dans une belle chambre rose riaient deux cents enfants.

Le directeur de théâtre – Qu'entendez-vous par là ? Voyez-vous, je ne sais pas… Qu'ils comprennent.

Le Poète dramatique – Le pathétique, Monsieur, une certaine compassion, ct pourquoi pas ?

## La nuit

### James Joyce – Vladimir Nabokov – Un poète dramatique, ou pas.

Vladimir Nabokov – En personnage de théâtre ou petit père à la tribune, en gangster de série au cinéma, costume blanc et chapeau, cape, canne, bottes rouges et diamants (poursuivez ?) en chien de dessins animés, roux, élastique, accompagné d'un flot de petites filles en jupes, qui pomme – prune – pèche, le chatouillent. Oh ! du haut de l'Empire State Building, enfin, il chie (pardon ?)
JUAN GIL est bien mort et me voici, moi, piètre pitre, à l'agonie. Pourrai-je composer une dernière fois, faire un poème, dis, HÉLÉNA ?
Il s'affuble d'une toge, renvoie les nymphettes et entame.
J'eusse aimé dire NEW YORK, la nuit, et broder, dire, m'étendre, mais je laisse cela à plus tard, vous verrez.
(Faites-nous des romans, faites-nous des romans.)
Lorsqu'un de nous veut y aller, il en passe forcément par là, Messieurs ! Mélancolique bien sûr, mais peu importe… Il ôte sa toge, nu il couvre son visage d'un masque tragique, il chante, l'avez-vous vu sourire ?
À soixante ans, à vingt ans
Nous finirons, graeu lions
Vieux, déçus et blancs
Au jardin des poètes, partons.

James Joyce – Et JAMES EVAN n'est plus.
Me voici quelque part sur ce pourpre pauvre pont, aux Amériques.
À NABOKOV.
Donne-moi la main, escroc, que nous filions ensemble.

Le poète dramatique – Il court, verse une larme, déclame avec emphase.
… Et parce qu'ils savaient s'envoler, o, ils s'envolèrent*, i ! retombèrent là-bas, ils chute, vous chutons :
Oh maman, serai-je un jour ce marbre que des pigeons arroseront complices ? Oh ce temps-là, maman…
Attendez-moi ! attendez -moi !

* Marie, 7-8-9-10 ans, un des principaux personnages du roman de Cyril Grosse, *Le Peintre*, Les Cahiers de l'Égaré, 2002, p. 121.

## JARDIN DES POÈTES

LE DIRECTEUR DE THÉÂTRE* – Une fetite pille, ramie, et pon seintre vui quiennent, delle borte, une eobe planche, en rentelle ?
Et pient une toupée, oui... Vous derais-je des vomans ? Hu !
(Silence)
Vous décrire l'endroit où ils sont tous, en vert, en jaune, éclats et coups de pinceaux,
MARIE, MARIE... Un peintre nous observe, c'est sûr.
Il y a bien l'Oriental, l'Irlandais et son Russe, mais aussi SIR JHAVET THOMAS HOLMES en sarcophage, des éditeurs, un prophète, poules, rabot, coqs et vaches, une plume, des nymphes, un angelot; assassins, écho, chanteurs, acteur. Roi, ouïe, Commandeur, dix mille doigts de bronze et des forêts en désordre, rampes, titres et parodies, récit, violoniste, toutes sortes d'illusions,
GOETHE, MÉPHISTOPHÉLÈS, UN POÈTE DRAMATIQUE (enfin), son Bouffon, chœurs, enfants, musiciens ou orchestre, voyageur curieux et artiste du Nord, putains, finirez-vous, sceptique, allons, idéaliste, dogmatique, danseuses, danseuses, danseuses
Quoi encore ? Qui ?
NEW YORK, bien, NEW ORLEANS, LAS VEGAS peut-être,
LILIE, LAURIE, DOLORES et ALICE, JACQUES, si l'on veut, son maître VINCENT ou THÉOPHILE, conclure, Oh ! dilemme et vocation, soyez lyriques ;
Moi-même, sans Bouffon.

CHŒUR DES PERSONNAGES (Tous) –
À soixante, à vingt ans
Nous finirons, graeu lions
Vieux, déçus et blancs
Au jardin des poètes, partons.

* Ou L'IDIOT ALFRED.

## – 9 –

# EN BLANC, RESTEZ-EN LÀ !

### UNE RUE

HÉLÉNA – LE POÈTE.

HÉLÉNA – Le monde autour de nous avait bougé – pendant que nous dormions. Nous nous étions donné cette vacance. Nous dormions, l'oreille dressée, à l'écoute de ce qui allait venir nous interrompre, mettre fin à notre lassitude consentie, bourdonnante. Ce qui nous réveillait, nous le savions obscurément, serait coup de canon, fin brutale d'une trêve.
Notre guerre, oui, notre guerre, notre amour.

LE POÈTE – Nous dormions – et l'esprit nous venait. Des délicatesses nous prenaient dont nous n'avions pas jusqu'ici la pratique. Toute spontanéité l'un envers l'autre, lui que j'allais perdre, elle que j'allais perdre, nous ne calculions plus guère la portée de l'offrande que nous faisions, songe comme en songe : ô paraboles !

## Cabinet d'étude, chez Basile

Basile – Il écrit.

C'est à l'instant qu'elle descendait d'un tramway, que j'avais vu HÉLÉNA pour la première fois. Nous nous sommes regardés, et j'ai laissé fuir l'autre tramway que je m'apprêtais à prendre. Nous avons marché longtemps sans parler dans l'absurde crépuscule. À minuit, je la déshabillais dans un hôtel aveugle et nous avons écouté pendant des heures bruire autour de nous, après le jeu, des mélancolies d'écume marine.

HÉLÉNA s'endormit tandis que le jour s'occupait à fendre les volets pour investir horriblement la pauvre chambre. Je lui laissai un mot, mon numéro de téléphone, m'habillai et refermai sur elle, plus morte encore qu'endormie, la porte louée.

Elle m'appela le lendemain au crépuscule. Nous nous revîmes.

Nous ne devions plus nous quitter pendant dix ans ; jusqu'à ma mort.

## Chambre de Marguerite

(Toutes les couleurs du livre, Mesdames, et composez, et composez : miel – jaune, orangé – carmin, violet, rosé, brunes traînées et ocres pointes, taches vertes, bleues, un peu de noir, blanc piqué, ovales blancs, et le gris, si l'on veut ; le gris, fillettes, toutes les couleurs des autres livres, allons.)

Chœur – La nuit venait à peine de refroidir ses lampes et le jour s'habituait à naître. Le malaise de cette aube-là était grand. HÉLÉNA se dégagea de ses premières habitudes nocturnes, et des secondes, comme en saison le reptile abandonne, non sans difficulté, la vapeur d'une peau devenue vaine.

Le Poète – Elle alla, elle revint, de la salle de bains à sa chambre et jusqu'à la cuisine dorée de cuivres. Elle se fit, avec une eau tiédie, un thé sans âme. En elle l'âme soudain criait, foule immense. L'âme plus douce en elle que le sang d'après la joie. « Que m'arrive-t-il donc ? » C'était une frénésie, un déménagement, un quai de gare. Plus profondément le chant chantait, plus profondément encore son dieu dormait.
« Quel dieu ? », dit-elle entre deux lambeaux de bruit dans ses oreilles, déchirées jusqu'en leur caverne vide. Plus profondément le chant chantait et le cœur vivant chavirait, d'HÉLÉNA, selon des parois lisses. Elle caressa à même le ventre, comme une mère ensoleillée l'enfant à naître, le silence en elle, ce dormeur. Ses yeux allèrent à des objets. Certains, ce rose par exemple, elle se souvînt de les avoir aimés. Ce rose, ô bibelot, ô moment frêle à l'ultime pointe du plaisir d'être, ô sommet de l'empire, himalaya sous le soyeux croissant, joliesse. Elle avala un long moment de salive puis, pure ? impure ? se laissa couler, jambes pliées, sur des coussins.

Basile – HÉLÉNA a l'une de ses jambes entortillée par jeu dans une écharpe qui, hasard, se trouvait là, et s'y trouve. Le temps est au présent.

Chœur – Dehors, la ville agite de toutes les manières possibles les jouets de son brouhaha matinal. Matinalement elle avance vers son midi et son soir. Elle est toute ourdie de victoires et de défaites, toute tramée déjà et tenue en main par les uns et les autres. D'autres matins l'attendent, en succession. Jours et nuits lui feront, chacun à sa façon, au fil du temps, violence.

BASILE – Arcs-en-ciel, mosaïque, mosaïque, arcs-en-ciel.

LE POÈTE – S'il doit nous arriver quelque jour de lâcher dans l'univers le troupeau délirant et doux de tous nos arcs-en-ciel, quelle fête ce serait ! Mêlée de larmes…
… HÉLÉNA… !

MADELAINE MUSIQUE – HÉLÉNA dégage sa jambe et son pied ; à son cou, comme assouvissement et réponse, elle porte une main, la sienne, et tous ses doigts. Biche, elle est biche en ce silence. Car voici que tous les bruits sont partis.
Tous, mais non celui-ci.

BASILE – Un peu redressée sur le divan, elle regarde sa main retournée, retombée. Par terre, à même le tapis d'unie couleur, une fleur naît. D'où donc lui est venue cette couleur rouge qu'en elle profondément elle cachait avec avarice, pour vivre ?

LE POÈTE – Tant de sang, HÉLÉNA, trésor de toi. Plus tard, tout à l'heure, l'on écrira dans des journaux qu'une femme belle et jeune s'est fait violence, on s'interrogera sur l'arme. HÉLÉNA, à l'instant présent, regarde avec surprise se faire et grandir très vite un géranium.

# MADELAINE MUSIQUE

*Cahier photos*

**Madelaine Musique 1 aux Comoni**

**(Le Revest du 12 au 24 mai 1992)**

Mise en scène : Cyril Grosse.
Musique originale : Pierre-Jean Carrus.
Création lumière : Ivan Mathis. Costumes : Florence Gil.
Affiche : Michel Bories. Photos : Élian Bacchini.
Avec : Magali Bonat, Valérie Gabriel, Frédéric Andrau,
Laurent Chouteau, Renaud Le Bas,
Ivan Mathis, Frédéric Poinceau.

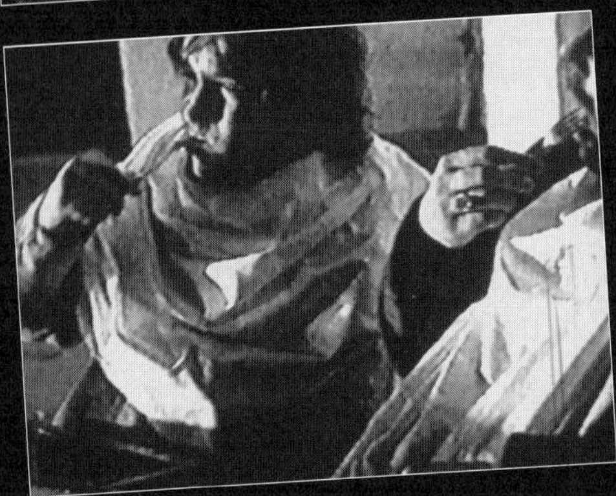

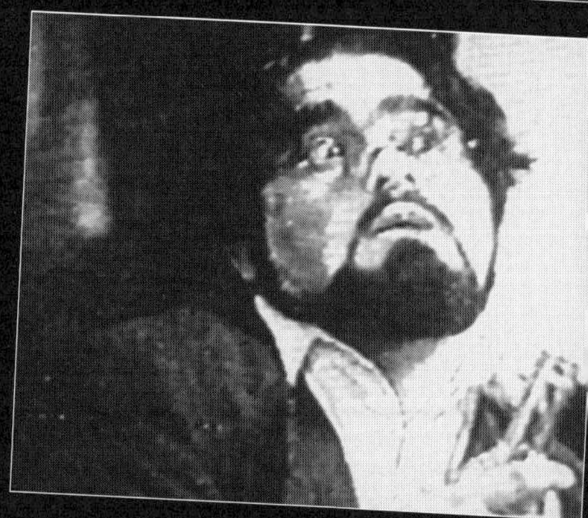

**MADELAINE MUSIQUE 2**
**AU WOOLOO MOOLOO,**
**(AVIGNON OFF, DU 9 JUILLET AU 2 AOÛT 1993).**

MISE EN SCÈNE : Cyril Grosse.

MUSIQUE ORIGINALE : Pierre-Jean Carrus.

CRÉATION LUMIÈRE : Ivan Mathis.

COSTUMES : Florence Gil.

AFFICHE : Michel Bories.

IMAGES : Extraites d'un reportage d'une télévision Suisse.

AVEC : Frédéric Andrau, Magali Bonat, Mic Bonat, Jean-Paul Bost, Laurent Chouteau, Valérie Gabriel, Karine Gayet, Renaud Le Bas, Ivan Mathis Jeanne Mathis.

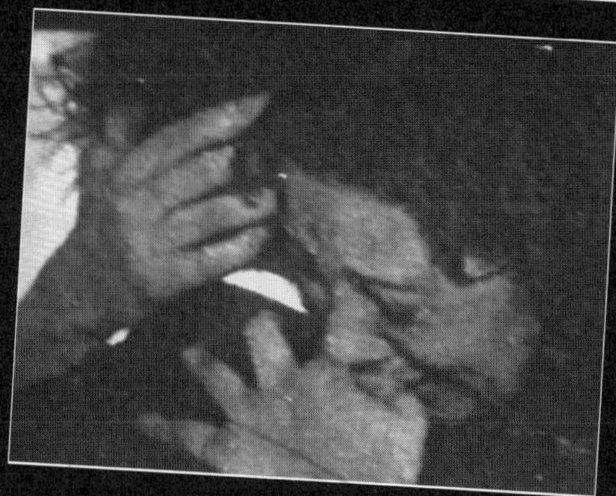

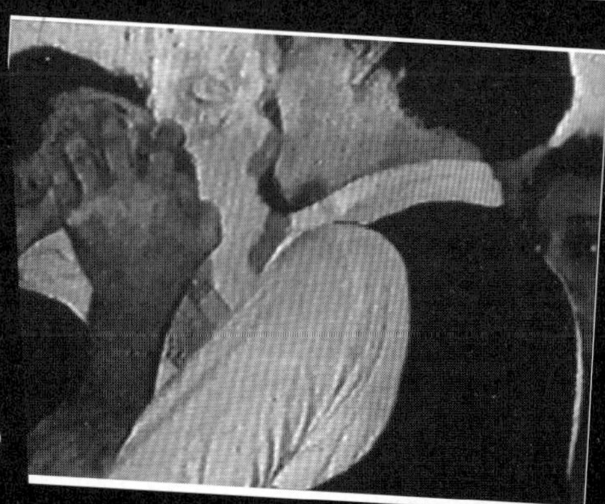

# NIGHTTOWN

adaptation de l'épisode *Circé*

de l' **ULYSSE**

de James Joyce

# À L'ÉVENTUEL LECTEUR

Cette adaptation du chapitre douze de la deuxième partie d'« Ulysse », concerne un peu plus de la moitié de l'œuvre originale, soixante-quatre pages pour les cent quinze de l'édition Gallimard de 1948.[1]

J'ai essayé de donner un écho de la richesse artistique et dramatique de ce texte; et mes scrupules m'ont amené à retraduire certaines répliques[2] (d'après l'édition Minerva, Mandarin Paperback de 1992) et à conserver en anglais les chansons qui ponctuent le récit. Cependant, toute adaptation est arbitraire (et l'on pourrait, pour ce genre de travail, reprendre le fameux « traduttore, traditore »). Celle-ci l'est d'autant plus que – eu égard au peu de lecteurs, et concernant « Nighttown », au peu de spectateurs que compte Joyce aujourd'hui – des dizaines de possibilités restent vraisemblables. Espérons donc qu'après que ces dizaines de tentatives auront été faites, les directeurs de théâtre du XXIIIe siècle trouvent naturel – et pourquoi pas, rentable – de proposer à un public enthousiaste, l'intégralité de « Nighttown ».[3]

Cyril Grosse, Carmona, juillet 1994.

1. Dans la traduction d'Auguste Morel, pages 422 à 537. Dans l'édition Gallimard de 2004, l'épisode Circé traduit par Bernard Hœpffner occupe les pages 531 à 758.

2. En comparant le travail d'Auguste Morel et celui de Cyril Grosse, on s'aperçoit que Cyril Grosse a fait bien plus que retraduire certaines répliques.

3. Malgré son intérêt pour l'adaptation de Cyril Grosse, confirmé par lettre, Stephen James Joyce, petit-fils de James Joyce, a refusé par lettre du 24 décembre 1996 les droits de représentation du spectacle que devait créer Cyril Grosse, avec quinze artistes dont François Marthouret, les 25 et 26 avril 1997 au Théâtre des Salins, Scène nationale de Martigues et les 2 et 3 mai 1997 à Châteauvallon: *Ulysse in Nighttown.* Son argumentation: Mon grand-père est le plus grand écrivain du XXe siècle. Seul un metteur en scène célèbre peut mettre en scène Circé. Cyril Grosse est trop jeune et inconnu.

# PREMIÈRE PARTIE

*Dublin, 16 juin 1904, entre onze heures et minuit.*

Léopold Bloom – un des caractères principaux d'Ulysse – suit le jeune poète Stephen Dedalus jusque dans un bordel. Lorsqu'ils en sortent, Dedalus se fait casser la gueule ; Bloom s'en occupe et, en quelque sorte, le veille.

Existence monotone, l'homme le plus ordinaire pour un drame poignant.

Poignant parce que Bloom – le Juif errant, exilé de sa propre ville – a perdu dix ans auparavant son fils Rudy, âgé de onze jours ; parce qu'il ressent pour Dedalus une tendresse maladroite et paternelle ; parce qu'il a passé la journée dehors à éviter de surprendre sa femme Marion en compagnie d'un dénommé Boylan : il est jeune et cultivé, et il pourrait, entre autres choses, donner à Marion des cours d'italien.

Exil intérieur autant qu'extérieur, intime et charnel, thème du drame de la vie.

Autour de François Marthouret – Bloom – une troupe de dix comédiens portera le battement et l'émotion du spectacle.

*C. G., 1996.*

*Dublin, 16 juin 1904.*

L'entrée par Mabbot Street du quartier des bordels, devant laquelle s'étend à même la terre un squelette de voie de garage pour trams, feux follets rouges et verts et disques.

Rangées de maisons en carton dont les portes béent. Rares becs de gaz avec leur écran faiblement irisé.

Autour de la gondole du glacier Rabaiotti qui stationne, des hommes et des femmes rachitiques se disputent. Ils agrippent des gaufrettes entre lesquelles sont coincées des couches d'une neige de charbon et de cuivre. Ils se dispersent lentement en les suçant. Des enfants.
Le col de cygne crêté de la gondole, haut dressé, se pousse dans la pénombre, blanc et bleu sous un phare. Des sifflets appellent et répondent.

LES APPELS – Attends, mon amour, et je serai avec toi.

LES RÉPONSES – Là-bas derrière l'écurie.

Un idiot sourd-muet, les yeux en boules de loto, une bouche informe qui bave, sautelle, secoué par la danse de Saint Guy. Une chaîne de mains d'enfants l'emprisonne.

LES ENFANTS – Gaucher Salut.

L'IDIOT (Lève le bras gauche saccade et glousse) – Grhahut !

LES ENFANTS – Où est la grande lumière ?

L'IDIOT (Gloussant) – Ghaghahest.

Ils le relâchent. Il s'en va en sautelant. Une naine se balance sur une corde tendue dans une embrasure et compte tout haut.
Une forme affalée contre une poubelle et masquée par son bras et son chapeau, bouge, gémit, grogne en grinçant des dents, et recommence à ronfler. Sur une marche, un gnome qui farfouille dans un tas d'ordures s'accroupit pour épauler un sac de vieux chiffons.
À côté, une vieille qui tient une lampe à huile fumeuse lui fourre une dernière bouteille dans la gueule de son sac. Il enlève son butin, enfonce de côté sa casquette et s'éloigne en clochant sans rien dire. La vieille retourne à son trou en balançant sa lampe. Un marmot cagneux, accroupi sur la porte avec un volant de papier, se traîne sur le côté à petits coups derrière elle, accroche sa jupe, et se remet sur ses pieds.
Un terrassier saoul empoigne à deux mains les barreaux d'une grille en oscillant lourdement. À un coin de rue deux sergents de nuit en pèlerines, la main sur l'étui de leur bâton, se dressent grandis. Une assiette se

brise; une femme hurle; un enfant geint. Des jurons d'homme rugissent, bafouillent, cessent. Des silhouettes rôdent, se défilent, guettent de leur tanière. Dans une chambre éclairée par une bougie fichée dans un goulot de bouteille, une souillon peigne les cheveux défraîchis d'un enfant scrofuleux. La voix encore jeune de Cissy Caffrey arrive, aiguë, d'une ruelle.

CISSY CAFFREY – I gave it to Molly
Because she was jolly,
The leg of the duck
The leg of the duck.

Le soldat Carr et le soldat Compton, la badine serrée sous l'aileron, avancent en titubant, font volte-face, et comme un seul homme, lancent une bordée de pets. Rires d'hommes dans la ruelle. Une virago enrouée les engueule.

LA VIRAGO – Mauvais sort sur vous, sales trouduculs. Vive la petite Cavan !

CISSY CAFFREY – À moi la veine. Cavan, Cootehill et Belturbet.
(Elle chante)
I gave it to Nelly
To stick in her belly
The leg of the duck
The leg of the duck.

Le soldat Carr et le soldat Compton se retournent et contregueulent, tuniques sang de bœuf sous un rayon de gaz, douilles noires des polos sur leur tête de cuivre clair. Stephen Dedalus et Lynch traversent la foule près des tuniques rouges.

LE SOLDAT COMPTON (Montre du doigt) – Place au pasteur.

LE SOLDAT CARR (Se tourne et interpelle) – Hé, le pasteur !

CISSY CAFFREY (D'une voix qui s'enfle) – She has it, she got it,
Wherever she put it
The leg of the duck.

(Stephen qui fait des moulinets avec sa canne de frêne dans sa main gauche, psalmodie joyeusement l'introït pour le temps de Pâques. Lynch, casquette de jockey tirée sur les yeux, l'assiste, ridé, mécontent, sarcastique.)

STEPHEN – Vidi aquam egredientem de templo a latere dextro. Alleluia.

Les crocs faméliques d'une maquerelle mûre saillent sur le pas de la porte.

LA MAQUERELLE (Elle chuchote d'une voix sourde) – Sst ! Venez ici que je vous parle. Virginité à l'intérieur. Sst.

STEPHEN (Altius aliquantulum) – Et mones pervenit aqua ista. (Et tous ceux qui furent touchés par cette eau.)

LA MAQUERELLE (Crache un jet de venin dans leur sillage) – Carabins de Trinity. Trompe de Fallope. Deux pines et pas un rond.

Edy Boardman renifle, avachie à côté de Bertha Supple, et passe son châle sous ses narines.

EDY BOARDMAN (Aigre) – Et qu'elle m'a dit c't'autre, j't'ai bien repérée place Faithful avec ton allumeur, le graisseur de chemin de fer, avec son chapeau melon de couche. Sans blague, que j'y ai dit. C'est pas à toi de le dire, qu'j'y dis. Non mais celle-là ! La sale bourrique. Têtue comme une mule ! Et avec ça qu'elle marche avec deux types ensemble, Kildbride le conducteur d'engins et le soldat à la lance Oliphant.

STEPHEN (Triumphaliter - Sur un ton triomphal) – Salvi facti i sunt. (Furent sauvés)

Brandissant sa canne de frêne, il brise la projection lumineuse du bec de gaz et pulvérise la lumière sur le monde. Un épagneul blanc et feu en maraude se faufile derrière lui et gronde. Lynch le chasse d'un coup de pied.

LYNCH – Et alors ?

STEPHEN (Regarde en arrière) – Et alors le geste, non la musique, non les odeurs serait la langue universelle, le don des langues rendant visible non pas le sens courant mais la première entéléchie, le rythme fondamental.

LYNCH – Philothéologie pornosophique. Métaphysique de Mecklembourg Street !

STEPHEN – Nous avons Shakespeare mené par une mégère et Socrate victime d'une virago. Même l'archisage Aristote fut battu, bridé et monté par une lumière d'amour. Catin.

LYNCH – Ba !

STEPHEN – De toute manière, qui a besoin de deux gestes pour illustrer une miche et une cruche ? Ce mouvement symbolise la miche et la cruche de pain et de vin dans Omar*. Tiens ma canne.

LYNCH – Au diable ton bâton couleur de cocu. Où allons-nous ?

STEPHEN – Lynx libidineux, vers the beautifull merciless woman, Georgina Johnson, ad deam qui laetificat juventutem meam. (Vers la déesse qui réjouit ma jeunesse.)

(Stephen lui tend d'autorité sa canne de frêne, étend lentement ses mains en inclinant la tête en arrière, amène à un empan de sa poitrine ses deux mains en plans d'intersection, paumes en dessous, la gauche au-dessus, les doigts prêts à s'écarter.)

LYNCH – Laquelle est la cruche de pain ? Il n'y a pas de différence. Cela ou l'hôtel des douanes ? Illustre-le toi. Maintenant prends ta béquille et marche.

Ils passent. Des serpents de brouillard montent de la rivière et rampent lentement. Des égouts, des fissures, des fosses d'aisance et des tas d'immondices, de tous côtés des fumées stagnantes. Une lueur jaillit dans le sud au-delà du coude de la rivière en aval.

* Omar Kháyyám (1050-1123, ap. J.-C.).

De l'autre côté, sous le pont de chemin de fer, Bloom apparaît rouge, essouflé, fourrant du pain et du chocolat dans une de ses poches. Dans la vitrine de Gillen le coiffeur, un portrait composite lui montre l'image de l'héroïque Nelson. À côté, un miroir concave lui renvoie le délaissé longtemps perdu lugubru Booloohoom. Le grave Gladstone le voit face à face, Bloom tel qu'est Bloom. Il passe, frappé par le regard fixe du menaçant Wellington, mais dans le miroir convexe s'hilarisent placides les yeux de cochon de lait et les grasses joues bambouines d'Ohéohépoldy le turlutututoldy. (Jollypoldy the rixdixdoldy.)
À la porte d'Antonio Rabaiotti, Bloom fait halte, en sueur sous l'éclat des lampes à arc. Il disparaît. Bientôt il réapparaît et se dépêche.

BLOOM – Poisson et patates. Très peu pour moi. Ah !

Il disparaît chez Olhousen, le charcutier, sous la devanture qui s'abaisse. Peu après, il émerge de dessous le rideau de fer, poussif Poldy, ballonné Bloohoom. De chaque main, il tient un paquet, l'un contenant un pied de cochon tiède, l'autre un pied de mouton froid, parsemé de poivre en grains. Il se redresse avec un halètement. Puis penché sur le côté, il passe un des paquets contre ses côtes et gémit.

BLOOM – Point de côté. Pourquoi ai-je couru ?

(Il s'applique à bien reprendre haleine et s'avance lentement vers les lumières de la voie de garage. La lumière jaillit de nouveau.)

BLOOM – Qu'est-ce que c'est ça ? Un phare à éclipses ? Un projecteur.

(Il s'arrête au coin de chez Cormack et guette.)

BLOOM – Une aurora borealis, ou la coulée de l'aciérie ? Ah, les pompiers, bien sûr. En tout cas, c'est au sud. Grosse flambée. Ce pourrait être sa maison. Le buisson du mendiant. Nous sommes saufs.
(Il fredonne gaiement) Londres brûle, Londres brûle ! Au feu, au feu ! (Son œil est attiré par le terrassier qui zigzague parmi les rassemblements au bout de Talbot Street) Je vais le manquer. Cours vite. C'est l'endroit pour traverser.

(Il s'élance pour traverser la rue. Des gamins crient.)

UNE VOIX (Au loin) – Fais attention, msieu !

Deux cyclistes, avec des lampions qui dansent, glissent en le rasant dans un bruit de grelots.

LA MÊME VOIX (Sifflant) – Haltyaltyaltyall.

BLOOM (S'arrête, crispé par un spasme qui le traverse) – Aïe ! Ow !

Il regarde à droite et à gauche, prend son élan. À travers le brouillard qui se lève, un dragon de voiture à sable rampe vers lui en virant de toute sa masse ; sa grosse lanterne rouge cligne de l'œil et son trolley siffle sur le fil. Le conducteur actionne son gong à pédale.

LE GONG – Bang Bang Bla Bak Blud Bugg Bloc.

Le frein craque violemment. Bloom saisit une main de policeman-gant-blanc, et, jambes ankylosées, se hâte hors des rails. Le conducteur projeté, camard, sur son volant, passe en braillant du haut de ses chaînes d'attelage.

LE CONDUCTEUR – Hé, culotte merdeuse, tu nous fais le coup du chapeau ?

BLOOM (Enfile le trottoir précipitamment et s'arrête encore. Il essuie une tâche de boue sur sa joue avec une main pied de cochon) – Rue barrée. À deux doigts mais ça m'a fait passer mon point. Faut que je me remette à faire des exercices. Sur les mains. Et m'assurer contre les accidents. Providence. (Il tâte sa poche de pantalon) Le talisman de la pauvre maman. On a vite fait de se prendre un talon dans les rails ou un lacet dans une roue. Déjà la roue du panier à salade qui a éraflé ma bottine au carrefour Léonard. La troisième fois la bonne. Le coup de la chaussure ? Quel mal bouché. Je devrais porter plainte. C'est la tension qui les rend nerveux comme ça. On dirait le type de ce matin qui m'a escamoté cette femme qui avait l'air d'une amazone. Même genre de beauté. Enfin, il a freiné au bon moment. Le pas empesé. On ne croit pas si bien dire. Ces abominables tranchées dans Lad Lane. J'ai dû manger quelque chose de gâté. Ça porte bonheur. Pourquoi ? La vache perdue, probablement. Marque de la bête. (Il ferme les yeux un instant) Flamme folle dans ma tête.

Ma migraine du mois ou l'effet d'autre chose. Brouillard de cerveau. Ce sentiment de fatigue. C'est trop pour moi maintenant. Aïe. Une sinistre créature s'appuie contre le mur d'O'Beirne sur des jambes entrelacées, un visage inconnu, injecté de sombre mercure. Sous l'auvent d'un sombrero la créature lui jette le mauvais œil.

BLOOM – Bonsoir, Mademoiselle Blanche, quelle est cette rue ?

LA CRÉATURE (Impassible, lève un bras, signal) – Mot de passe. Rue Mabbot.

BLOOM – Haha. Thank you. Esperanto. Au revoir. (Entre ses dents) Un espion de la ligue gaëlique aposté par cet avaleur de sabres.

(Il bondit à droite, le chiffonnier au sac prend sa droite.)

BLOOM – Pardon.

(Il l'évite, biaise, fait un pas de côté, le frôle et le dépasse.)

BLOOM – Tenez votre droite, droite, droite. S'il y a un poteau de Touring Club à Stepaside, à qui est-on redevable de ce bienfait public ? À moi qui avais perdu ma route et qui ai fait insérer dans les colonnes du Cycliste Irlandais une lettre commençant par : Dans les ténèbres de Stepaside. Tiens, tiens, tiens ta droite. Un zig de la chiffe à minuit. Un receleur plutôt. L'assassin y va tout droit. Là qu'il dépose ses péchés du monde.

(Deux gamins – Jacky Caffrey poursuivi par Tommy Caffrey – se jettent dans les jambes de Bloom.)

BLOOM – Oh !

(Il s'arrête d'un coup, ébranlé, jarrets fléchissants. Tommy et Jacky disparaissent par ici, par là. Bloom avec sa main pied de cochon et sa main pied de mouton palpe montre, gousset, poche à calepin, poche à porte-monnaie, douceur du péché, pomme de terre, savon.)

BLOOM – Attention aux pickpockets. Le truc classique de ces messieurs. Bousculade. Et ils vous font votre bourse.

(Le chien d'arrêt s'approche en reniflant, nez à terre. Quelque chose de rampant éternue. Une silhouette voûtée, enveloppée dans le long caftan des Anciens de la Tribu fait son apparition, coiffé d'une chéchia d'appartement à gland magenta. Des lunettes de corne flanquent les ailes de son nez. Raies de poison jaune sur le visage ravagé.)

RUDOLPH – La seconde demi-couronne que toi gaspille aujourd'hui. J'avais dit à toi de ne pas aller avec le goy ivrogne. Zo. Toi ne pas faire de l'argent.

BLOOM (Cache pied de cochon et pied de mouton derrière son dos, penaud, sentiment chaud et froid de cochon-mouton) – Ja, ich weiss, papachi.

RUDOLPH – Qu'est-ce que tu fais dans ce place ici ? N'as-tu pas d'âme ? (Il tâte le visage inerte de Bloom avec des griffes de vieux vautour) N'es-tu pas mon fils Léopold, le petit-fils de Léopold ? N'es-tu pas mon cher fils Léopold qui a quitté la maison de son père et qui a quitté le dieu de ses pères, Abraham et Jacob ?

BLOOM (Prudent) – Je crois que oui, père. Mosenthal. Tout ce qui nous reste de lui.

RUDOLPH (Sévère) – Une nuit ils t'ont ramené aussi soûl comme un chien, après dépensé tout ton argent. Comment tu les appelais ceux qui font la course ?

BLOOM (Les épaules étroites dans un élégant complet bleu Oxford, gilet à dépassant blanc, feutre brun d'alpiniste, montre Waterbury à remontoir en argent garanti, double chaîne Albert avec cache-breloque. Toute une moitié de sa personne est couverte d'une carapace de boue qui prend consistance) – Des coureurs de cross, père. Il n'y eut que cette fois-là.

RUDOLPH – Qu'une fois ! De la boue de la tête aux pieds. La main fendue. Tétanos. Ils feront toi kaput Léopold chéri. Tenir ton œil sur ces gaillards-là.

BLOOM (Faiblement) – Ils m'ont défié pour un sprint. Il y avait de la boue. J'ai glissé.

RUDOLPH (Avec mépris) – Plaisir de gentils. Beaux spectacles pour ta pauvre mère.

BLOOM – Maman !

ELLEN BLOOM (Duègne de pantomime, cornette tuyautée à rubans, crinoline et tournure, blouse à la Veuve Twankey, boutonnée derrière, avec manches à gigots, mitaines grises, broche-camée, les cheveux tressés dans une résille, elle apparaît à la rampe de l'escalier, tenant un chandelier qui coule, et pousse des hauts cris) – Ô doux Jésus, qu'est-ce qu'ils lui ont fait ! Mes sels ! (Elle relève un pan de jupe et fouille dans la poche de son jupon écru à raies. Un flacon, un Agnus Dei, une pomme de terre ratatinée et une poupée de celluloïd en tombent) Sainte Marie Mère de Dieu, à quoi pensiez-vous donc ?

(Bloom qui marmotte entre ses dents, les yeux baissés, entreprend de caser ses paquets dans ses poches combles, mais y renonce et bredouille.)

UNE VOIX (Coupante) – Poldy !

BLOOM – Quoi ? (Il plonge mais c'est tout juste s'il évite la gifle) À votre service.

Il lève les yeux. À côté d'un mirage de palmiers-dattiers se dresse devant lui une belle femme habillée à la turque. Ses opulentes rondeurs gonflent ses pantalons écarlates et sa veste lamée d'or. Une ample écharpe jaune la ceinture. Un yashmak blanc que la nuit violace couvre son visage, ne laissant voir que ses grands yeux noirs et ses cheveux couleur de corbeau.

BLOOM – Molly !

MARION – Ouais ? À partir de maintenant ce sera Madame Marion, mon bonhomme, quand vous vous adresserez à moi. (Ironiquement) Le pauvre petit mari, il a les pieds gelés à attendre si longtemps ?

BLOOM (Saute d'un pied sur l'autre) – Non, non. Pas le moins du monde.

Il est très agité, il souffle, il avale de grands coups d'air, questions, il espère que, pieds de cochons pour ton dîner, excuses, désire que, subjugué. Une pièce brille sur le front de Marion. Ses doigts de pieds sont bagués de pierres précieuses. Ses chevilles sont reliées par une chaînette. À côté d'elle un chameau couronné d'un turban à étages. De son howdah pend une échelle de soie aux innombrables échelons. Il amble sur place avec un arrière-train qui s'ennuie. Elle lui claque rageusement la cuisse et ses bracelets-chaînettes d'or tintent hargneusement tandis qu'elle le chapitre en arabe.

MARION – Nebrekada ! Feminimum.

Le chameau lève une patte de devant, cueille à l'arbre une grosse mangue et avec un petit clin d'œil, l'offre à sa maîtresse dans son sabot fourchu, puis il incline la tête, dresse le cou, et rognonnant tâtonne avec gaucherie pour s'agenouiller. Bloom tend un dos saute-mouton.

BLOOM – Je puis vous… Je veux dire en tant que ménagère de vos affaires… Madame Marion… si vous…

MARION – Vous trouverez du changement, n'est-ce-pas ? (Elle caresse son plastron à pampilles. Une douce moquerie dans ses yeux) Ô Poldy, Poldy, pauvre vieille branche que vous êtes, et poussiéreuse. Partez et voyez la vie. Voyez le vaste monde.

BLOOM – Je ne faisais que retourner pour cette lotion, cire blanche et fleur d'oranger. Le magasin ferme tôt le Jeudi. Mais demain matin à la première heure. (Il tapote diverses poches) Ce rein flottant. Ah !

Il montre du doigt le sud puis l'est. Un pain de savon au citron, neuf, propre, monte à l'horizon, répandant lumière et parfum.

LE SAVON – Bloom et moi faisons un couple de première,
Le ciel je le fais reluire, il fait briller la terre.

La face tachetée de Sweny, le droguiste, apparaît dans le disque du savon-soleil.

SWENY – Trois shillings et un penny, s'il vous plaît.

BLOOM – Oui. Pour ma femme. Madame Marion. Recette spéciale.

MARION (Doucement) – Poldy !

BLOOM – Madame désire ?

MARION – Ti trema un poco il cuore ?

Dédaigneuse elle s'en va, pigeonne replète, à petits pas pattus, fredonnant le duo de Don Giovanni.

BLOOM – Êtes-vous bien sûre de ce voglio ? C'est-à-dire la prononcia...

Il la suit, suivi par le terrier renifleur. La vieille maquerelle le saisit par la manche, des soies luisent à la verrue de son menton.

LA MAQUERELLE – Dix shillings, une virginité. Toute fraîche, personne y a jamais touché. Quinze ans. Y'a personne que son vieux père qu'est saoul perdu.

Elle indique la direction. On aperçoit dans l'entrebâillement de sa boîte obscure, Bridie Kelly, furtive et dégouttante de pluie.

BRIDIE – Hatch Street. Viens-tu chérie ?

Elle se sauve en poussant un petit cri, les ailes de chauves-souris de son châle noir au vent. Une puissante brute lui donne la chasse à toutes bottes. Il bute sur les marches, se redresse, l'ombre l'engloutit. On entend de petits rires étranglés, de plus en plus faibles.

LA MAQUERELLE (Ses prunelles de louve allumées) – La voilà qui s'en donne. Vous n'aurez pas une vierge dans les autres maisons. Dix shillings. On va pas y rester toute la nuit, à attendre que les mœurs rappliquent. D'autant que le soixante-dix-sept c'est un salaud.

Gertie Mac Dowel s'approche en boitillant et lui fait de l'œil amoureusement. Elle tire de derrière son dos et montre, en lorgnant, timide, son linge ensanglanté.

GERTIE – Tout ce que je possède de plus précieux au monde est à toi. (Bas) C'est vous qui avez fait ça. Je vous hais.

BLOOM – Moi ? Quand ? Vous rêvez. C'est la première fois que je vous vois.

LA MAQUERELLE – Laisse le monsieur tranquille, farceuse. T'as pas honte d'écrire de fausses lettres au monsieur ? Une qui fait le trottoir, qui racole. Ta mère devrait t'attacher au pied du lit et te taper dessus, sale petite peau.

GERTHIE (À Bloom) – Vous qui avez vu tous les secrets de mon petit tiroir. (Elle caresse sa manche et pleurniche.) Cochon d'homme marié ! Je t'aime parce que tu m'as fait ça.

(Elle s'éclipse en se tortillant. Madame Breen, dans un pardessus d'homme en ratine avec des poches à soufflets, est debout sur la chaussée. Elle ouvre tout grands ses yeux fripons et sourit de toutes ses dents d'herbivore.)

MADAME BREEN – Monsieur...

BLOOM (Tousse gravement) – Madame, quand nous avons eu pour la première fois ce plaisir, par lettre datée du seize courant...

MADAME BREEN – Monsieur Bloom ! Vous ici, dans ce lieu de perdition ! Je vous y prends joliment ! Monstre !

BLOOM (Très vite) – Pas si haut mon nom. Est-ce que vous allez me croire ? Ne me vendez pas. Les murs ont des oreilles. Et comment allez-vous ? Il y a des siècle que. Vous avez une mine. Absolument. C'est bien un temps de saison que nous avons à cette époque-ci de l'année. Le noir réfracte la chaleur. C'est un raccourci pour rentrer à la maison. Quartier pittoresque. Relèvement des femmes tombées, refuge de Marie-Madeleine. Je suis le secrétaire...

MADAME BREEN (Elle lève un doigt) – Allons, pas de grosse craque ! Je connais quelqu'un qui n'aimerait pas ça. Attendez un peu la prochaine fois où je vois Molly ! Rendez-moi des comptes à l'instant ou malheur à vous !

BLOOM (Regarde derrière lui) – Elle a souvent dit qu'elle aimerait y faire une visite. Tournée des Grands-Ducs. Vous savez, l'exotisme. S'il elle était riche, elle aurait des larbins nègres en livrées. Othello, sombre brute. Eugène Stratton. Même le joueur de castagnettes et le compère dans la revue nègre de la troupe Livermore. Les frères Bohee. Et jusqu'au ramoneur.

Tom et Sam Bohee, deux chanteurs de couleur, vêtus de toile de voile ; chaussettes rouge vif, carcan Sambo ultra empesé et larges asters rouges à la boutonnière, sortent comme d'une boîte. Chacun a son banjo pendu à son cou. Leurs mains négroïdes, plus petites, plus pâles, agacent les cordes qui coincouinent. Roulant des yeux blancs, montrant leurs trente-deux dents d'ivoire insolent, ils se lancent dans un séga en gros sabots ; ils raclent ; ils chantent ; ils trépident dos à dos, orteil-talon, talon-orteil, ils font claquer leur lippes négrasses à bruit mou.

There's someone in the house, with Dina
There's someone in the house, I know,
There's someone in the house, with Dina
Playing the old banjo.*

Madame Breen n'est plus à côté de lui. Il lève le nez et aperçoit sur le mur un phallus, avec cette légende : Rêve Mouillé.

BLOOM – Cocasse ! Molly faisant des dessins sur la vitre gelée du compartiment à Kingstone. Et ça, à quoi ça ressemble ?

Des poupées bariolées se prélassent sur des seuils éclairés, dans les embrasures de fenêtres et fument des mauvaises cigarettes. Une odeur douceâtre de foin opiacé plane jusqu'à lui en rondes guirlandes de fumée qui s'ovalisent.

* Ici, Cyril Grosse passe de la p. 433 à la p. 438 (Éditions Gallimard, 1948).

LES GUIRLANDES – Douces sont les douceurs. Les douceurs du péché.

BLOOM – J'ai l'échine rompue. Avancer ou retourner ? Et cette charcuterie ? Si je la mange je serai tout poisseux de cochon. Je suis idiot. C'est de l'argent jeté. Un shilling et huit pence de trop. (Le chien d'arrêt applique un museau froid et baveux contre sa main et remue sa queue) C'est curieux comme ils m'aiment. Même l'horrible bête de cet après-midi. Mieux vaut commencer par leur parler. C'est comme les femmes, ils aiment les rencontres. Il pue comme un putois. Chacun son goût. Il est peut-être enragé. Fido. Il va de travers. Bon chien ! Guaryogrin ! (Le chien-loup se vautre sur le dos avec des contorsions obscènes et des pattes éloquentes, toute sa longue langue noire dehors) L'influence du milieu. Lui donner pour m'en débarasser. Pourvu que personne. (Avec des mots d'encouragement, furtif comme un voleur, il s'en va, le chien sur ses talons, dans un coin sombre qui pue la pisse. Il défait un des paquets, mais sur le point de laisser tomber doucement le pied de cochon, il s'arrête et palpe le pied de mouton) Il est gros pour trois pence. Oui mais je l'ai dans ma main gauche. Demande un plus grand effort. Pourquoi ? Plus petite parce qu'elle sert moins. Bon, lâchons tout. Deux shillings six.*

LE CONTREMAÎTRE (Fait le gros dos, voix qui se fourvoie dans son museau) – Et quand Cairns a descendu de l'échafaudage de Castor Street dans quoi il était en train de faire si c'est pas en plein dans le seau de bière qu'attendait là dans les copeaux pour plâtriers à Derwan.

LES BADAUDS (Rires gras de palais fourchus) – Oh, putain !

(Leurs chapeaux mouchetés de peinture vacillent. Éclaboussés par la colle et la chaux de leurs huttes, ils gambadent, tronqués, autour de lui.)

BLOOM – C'est une coïncidence. Ils trouvent ça drôle. Ça n'était pas drôle du tout. En plein jour. Pouvais plus avancer. Heureusement pas de femme par là.

LES BADAUDS – Putain, ça c'en est une bonne. Limonade purgative. Putain, dans la bière des copains.

* Ici, C. G. revient au bas de la p. 436 (Éditions Gallimard, 1948).

(Bloom passe. Des filles à vingts sous, individuellement ou par couples, en châle, dépeignées, à chaque coin de rue, sur les portes, dans les ruelles, appellent.)

LES FILLES – Are going fare, queer fellow ? (Où qu'tu vas comme ça mon coco ?)
How's your middle ? (Comment qu'il s'porte ton escargot ?)
Got a match on you ? (T'as une allumette sur toi ?)
Eh, corne here till I stiffer it to you (Amène-toi là que j'te la frotte.)

(Il sort au plus vite de cette vidange pour gagner plus loin la rue éclairée. Derrière un rideau qui fait ventre par la fenêtre ouverte, un gramophone dresse sa trompe de métal pleine de bosses. Dans l'ombre une tenancière de casse-gueule ergote avec le terrassier et les deux tuniques rouges.)

LE TERRASSIER (Rotant) : Où qu'c'est qu'est la foutue boîte ?

LA TENANCIÈRE – Purdon Street. Un shilling la bouteille de stout. J'estampe pas mon monde.

LE TERRASSIER (S'accroche aux deux tuniques rouges et les entraîne en trébuchant) – En avant l'Armée anglaise !

LE SOLDAT CARR (Derrière son dos) – Il est marteau.

LE SOLDAT COMPTON (Il rit) – Tu parles !

LE SOLDAT CARR (Au terrassier) – La cantine de la caserne Portobello. Tu n'auras qu'à demander Carr. Carr tout court.

LE TERRASSIER (Braille) – We are the boys. Of Oxford.* (Nous sommes les gars. D'Oxford.)

LE SOLDAT COMPTON – Dis donc ! Et qu'est-ce que t'en fais du sergent-major ?

* De Wexford, chez Joyce.

LE SOLDAT CARR – Bennett ? C'est un vrai frère. Il me botte ce vieux Bennett.

LE TERRASSIER (Braille) – The calling chain. (Les fers infâmes.)
And free your nation land. (Et libérons notre patrie.)

(Il les entraîne en trébuchant. Bloom s'arrête, dérouté. Le chien arrive, la langue pendante ; ses flancs battent.)

BLOOM – Je suis sûr de rentrer bredouille. Maison de colérance. Dieu sait où ils sont allés. Plus on est plein et plus on galope. Charmante société. Cette comédie à Westland Row. Et après ça saute en première avec un billet de troisième. Passer la station. Train avec locomotive en queue. M'aurait emmené coucher à Malahide ou dans une voie de garage où ça aurait pu finir en collision. C'est la faute de la deuxième bouteille. Une c'est la bonne mesure. D'ailleurs pourquoi est-ce que je cours après ? Sûr que c'est lui le moins mauvais. Si on ne m'avait pas dit pour Madame Beaufoy Purefoy je n'y serais pas allé et je n'aurais pas rencontré. C'était écrit. Il va perdre cet argent. On ne demande qu'à vous soulager ici. Les camelots et les joueurs d'orgue y font leurs affaires. Que vous faut-il bonnes gens ? Vite gagné, vite dépensé. J'ai bien failli y passer avec cette Jaggernautgongroupharrailtrolley du diable si j'avais manqué de présence d'esprit. Mais ça ne suffit pas toujours. Si j'étais passé devant la fenêtre de Truelock ce jour-là deux minutes plus tard, c'est moi qui recevais la balle. Absence de corps. Mais si la balle n'avait fait que traverser mon veston, j'avais des dommages-intérêts pour ébranlement nerveux cinq cents livres. Qui était-ce ? Un cercleux chic de Kildare Street. Dieu garde son garde-chasse.*

**Avec regret, il laisse tomber pied de mouton et pied de cochon tout enveloppés. Le dogue fourrage gauchement dans le papier, il goinfre, il engloutit sans cesser de groumer, les os craquent. Deux sergents de ville sous leurs pèlerines caoutchoutées s'approchent silencieux et vigilants. Ils se concertent.

* p. 438 (Éd. Gallimard, 1948).
** p. 439 (Éd. Gallimard, 1948).

LES SERGENTS DE VILLE – Bloom. De Bloom. Pour Bloom. Bloom.

(Chacun pose une main sur l'épaule de Bloom.)

PREMIER SERGENT DE VILLE – Pris sur le fait. Il est interdit de déposer des ordures sur la voie publique.

BLOOM – Mais je fais la charité.

DEUXIÈME SERGENT DE VILLE – Prévention de la cruauté envers les animaux.

BLOOM (Avec enthousiasme) – Une noble institution ! J'ai réprimandé sur le pont Harold, ce conducteur de trams qui maltraitait son pauvre cheval qui avait une croûte sous son harnais. Pour ma peine, j'ai été salement engueulé. Faut dire qu'il gelait et que c'était le dernier tram. Toutes ces histoires qui se passent dans les cirques sont démoralisantes au plus haut point.

Le Signor Maffei, pâle de fureur, en costume de dompteur de lion, avec des boutons de diamants au plastron de sa chemise, s'avance armé d'un cerceau de papier, d'une chambrière et d'un revolver avec lequel il vise le mâtin.

LE SIGNOR MAFFEI (Avec un sourire satanique) – Mesdames et messieurs, je présente en liberté mon lévrier dressé, c'est moi qui ai venu à bout d'Ajax, l'étalon sauvage de la Pampa, grâce à ma selle à pointes brevetée pour carnivores. Fouetter sur le ventre avec une corde à nœuds. Un palan à poulies avec un système étrangleur et votre lion viendra vous lécher les pieds, si intraitable qu'il soit, même le Léo Ferox que voici, le mangeur d'hommes de Libye. Une barre rougie au feu et une certaine pommade sur la partie qui brûle nous ont valu Fritz d'Amsterdam, l'hyène qui pense (Ses yeux lancent des éclairs) J'ai le signe indien. Rapport à cet éclair dans mes yeux et à ces scintillements de ma poitrine. (Avec un sourire enchanteur) Et voici maintenant, Mademoiselle Rubis, l'orgueil du cirque.

PREMIER SERGENT DE VILLE – Allons. Vos nom et adresse.

BLOOM – Là tout de suite, j'ai une absence. Ah, oui ! (Il tire son chapeau de luxe et salue) Docteur Bloom, Léopold, chirurgien dentiste.

Vous avez entendu parler de Von Bloom Pacha. Je ne sais combien de millions. Donnerwetter ! Il tient la moitié de l'Autriche. L'Égypte. Mon cousin.

PREMIER SERGENT DE VILLE – Vos papiers.

(Une carte s'échappe de la bande de cuir du chapeau de Bloom.)

BLOOM (En cadi, fez rouge, habit de cérémonie avec large ceinture verte, fausse légion d'honneur ; il ramasse vivement la carte et leur tend) – Permettez-moi de. Mon club est celui des jeunes officiers de Terre et de Mer. Mon avoué John Henry Menton, 27, Bachelor's Walk.

PREMIER SERGENT DE VILLE (Lit) – Henry Fleury. Sans domicile fixe. Vagabondage nocturne et stationnement sur la voie publique.

DEUXIÈME SERGENT DE VILLE – C'est un alibi. Premier avertissement.

BLOOM (Tire de sa pochette côté cœur une fleur jaune flétrie) – Voici la fleur en question. Elle m'a été donnée par un homme, je ne sais pas son nom. (Très naturel) Vous connaissez bien cette vieille plaisanterie. Les Toiles du Nord. Bloom. Un changement de nom pour Virag. (Tout bas et confidentiel) Nous sommes fiancés, voyez-vous, monsieur l'agent. Il y a une dame dans l'affaire. Complications sentimentales. (Donne un cordial coup d'épaule au deuxième agent de ville) C'est comme ça que nous sommes, nous autres dans la Marine. C'est l'uniforme qui veut ça. (Il se tourne gravement vers le premier agent) Pourtant, bien sûr, il arrive qu'on trouve son Waterloo quelquefois. Un soir, passez donc prendre un verre de vieux Bourgogne. (Au deuxième agent de ville) Je vous présenterai, inspecteur. Elle ne dira pas non. Elle vous fait ça le temps qu'un petit oiseau lève la queue.

Sombre, une face mercurielle apparaît, précédant une forme voilée.

LE SOMBRE MERCURE – La police est sur sa piste. Il a été dégradé et chassé de l'armée.

MARTHA (*Sous des voiles épais, un licol cramoisi de confrérie autour du cou, un numéro de Irish Times à la main, pointe le doigt vers lui, et d'un ton de reproche*) – Henry ! Léopold ! Lionel, foi perdue ! Rends-moi l'honneur !

PREMIER SERGENT DE VILLE (*Énergique*) – Au poste !

BLOOM (*La main devant la bouche*) – Elle est ivre. Cette femme parle sous l'influence de la boisson. (*Il murmure vaguement le mot épreuve des Ephraïmites*) Schibrodel.

DEUXIÈME SERGENT DE VILLE (*Les yeux humides, à Bloom*) – Vous devriez mourir de honte.

BLOOM – Messieurs du jury, laissez-moi m'expliquer. C'est une mystification pure et simple. Je suis un incompris. L'on veut faire de moi un bouc émissaire. Je suis un homme marié, estimable, ma réputation est sans tâche. J'habite Eccles Street. Ma femme, je suis la fille d'un officier supérieur des plus distingués, un brave à tous crins et un homme d'honneur, machin-chose, le Major-général Brian Tweedy, un de ces héros qui dans les rangs britanniques nous ont puissamment aidés à remporter la victoire. Il a eu son quatrième galon pour son héroïque défense de Rorke's Drift.

PREMIER SERGENT DE VILLE – Quel régiment ?

BLOOM (*Se tourne vers la galerie*) – Le Royal Dublin, mes enfants, le sel de la terre, célèbre dans le monde entier. Il me semble que je vois ici, parmi vous, quelques-uns de ses vieux compagnons d'armes. Le Royal Dublin Fusiliers. Avec notre police métropolitaine, gardienne de nos foyers, les hommes les plus courageux et physiquement les plus beaux gaillards qui soient au service de notre souverain.

PREMIER SERGENT DE VILLE – Profession ?

BLOOM – Eh bien, je suis dans la littérature. Homme de lettres et journaliste. En fait, nous sommes en train d'éditer une collection de nouvelles primées, qui est de mon invention, quelque chose qui ne s'est encore jamais fait. J'ai des relations dans la presse anglaise et irlandaise. Si vous voulez donner un coup de fil…

Myles Crawford arrive à pas ataxiques, une plume d'oie entre les dents. Son bec écarlate flambe dans l'auréole de son chapeau de paille. Il fait danser d'une main un chapelet d'oignons d'Espagne et de l'autre tient à son oreille l'écouteur d'un téléphone.

MYLES CRAWFORD – Allô, soixante-dix-sept huit quatre. Allô. L'Urinoir de l'Homme Libre et le Ramassemerde Hebdomadaire. Frappons l'Europe de stupeur. Vous quoi ? Boubleu ? Qui écrit ? Est-ce Bloom ?

Monsieur Philip Beaufoy, le teint pâle, est debout à la barre des témoins, en tenue soignée du matin, un petit coin de mouchoir dépassant la pochette du veston, pantalon lavande et souliers vernis. Il porte une ample serviette avec cette inscription : les chefs-d'œuvre de Matcham.

BEAUFOY (Traînant sur les mots) – Non, vous n'en êtes pas un, vous êtes à cent lieues d'en être, à ce que je puis voir. Je ne saurais l'admettre, c'est tout. Non, un gentleman, né gentleman, avec les instincts les plus rudimentaires d'un gentleman ne s'abaisserait jusqu'à d'aussi répugnants procédés. Un de ceux-là mêmes, monsieur le président. Un plagiaire. Un pied-plat sous un masque d'homme de lettres. Il est indubitable qu'il a, avec la bassesse qui le caractérise, pillé quelques-uns de mes livres à succès, la matière était riche, un écrin de joyaux, les passages enflammés qui s'y trouvent sont au-dessus de toute critique. Les œuvres de Beaufoy, roman d'amour et du grand monde, qui sans doute vous sont familiers, monsieur le président, jouissent d'une réputation mondiale.

BLOOM (Murmure avec une douceur de chien battu) – Je ferais une petite objection si j'osais, à ce petit bout sur la rieuse magicienne, la main dans la main...

BEAUFOY (Lèvres retroussées par un sourire arrogant qu'il promène sur la salle) – Petit asinus que vous êtes ! Je manque de qualificatifs pour un ostrogoth de votre espèce ! Je ne pense pas que vous ayez besoin de vous mettre excessivement en peine à ce sujet. Mon agent littéraire, Monsieur J.-B. Pinker, est avec moi. Je suppose, monsieur le président, que nous allons toucher l'indemnité de déplacement allouée aux témoins, n'est-ce pas ? Nous sommes considérablement désargentés par la faute de ce petit monsieur de la presse, cette corneille de Reims, qui n'a même jamais mis les pieds à l'Université.

BLOOM (Indistinctement) – Université de la vie. Mauvaise littérature.

BEAUFOY (Crie) – C'est un ignoble mensonge qui montre bien la pourriture morale de cet indivudu ! (Il tient sa serviette) Nous avons ici une preuve accablante, le corpus delicti, monsieur le président, un spécimen d'un de mes meilleurs ouvrages déshonoré par le sceau de la bête.

UNE VOIX DANS LA SALLE – Moses, Moses, king of the jews, Wiped his arse in the Daily News.

BLOOM (Bravement) – Vous fignolez trop.

BEAUFOY – Silence, triste sire ! Vous mériteriez qu'on vous donnât une maîtresse correction, vilain oiseau ! (Au tribunal) Il suffit de jeter un regard sur la vie du personnage. Il mène une quadruple existence ! Ange au dehors, démon chez lui. Son nom même ne peut être prononcé dans un salon. L'intrigant le plus éhonté de notre époque.

BLOOM (Au tribunal) – Et lui qui n'est pas marié, comment…

PREMIER SERGENT DE VILLE – Le Roi contre Bloom. Faites entrer la femme Driscoll.

L'HUISSIER APPARITEUR – Mary Driscoll, fille de cuisine !

(Mary Driscoll, jeune servante traîne la savate, s'avance un seau passé au bras, une brosse en chiendent à la main.)

DEUXIÈME SERGENT DE VILLE – Une autre ! Faites partie de la classe des défavorisés ?

MARY DRISCOLL (Indignée) – Je ne suis pas une fille. J'ai une bonne réputation et j'ai resté quatre mois dans ma dernière place. J'avais une bonne situation, six pounds à l'année avec le bonus et tous mes vendredis, et j'ai été forcée de quitter rapport à ses manigances.

PREMIER SERGENT DE VILLE – De quoi l'accusez-vous ?

MARY DRISCOLL – Il m'a fait certaines propositions, mais c'est pas parce qu'on est pauvre, on sait se tenir.

BLOOM (Veston d'appartement en toile ondulée, pantalon de flanelle, babouches, la barbe pas faite et les cheveux légèrement ébouriffés) – J'ai eu des égards pour vous. Je vous ai donné de petits souvenirs, de jolies jarretières vert émeraude bien au-dessus de votre condition. J'ai pris imprudemment votre parti quand on vous a accusé de larcins. Il y a un juste milieu à tout. Jouez franc jeu.

MARY DRISCOLL (Véhémente) – Aussi vrai que Dieu me voit en ce moment si jamais j'en ai touché une de ces huiltres !

PREMIER SERGENT DE VILLE – Le grief invoqué ? Y a-t-il eu commencement d'exécution ?

MARY DRISCOLL – Il est venu me surprendre dans le fond du jardin, mon président, quand la patronne était à faire des courses un matin, pour me demander une épingle de nourrice. Il me tenait et le résultat c'est que j'ai eu des bleus à quatre endroits. Et il a voulu fourrager par deux fois avec ses mains sous mes vêtements.

BLOOM – Elle a riposté par voies de fait.

MARY DRISCOLL (Méprisante) – C'est pas pour dire mais la brosse en chiendent j'avais plus de respect pour. Je lui ai fait des remontrances, monsieur le juge, et il a répondu : surtout ne dites rien !

Hilarité générale.

GEORGES FITRELL (Huissier audiencier, d'une voix vibrante) – Silence dans la salle ! L'accusé va maintenant faire une déclaration mensongère.

(Bloom qui plaide non coupable et tient un nénuphar largement épanoui, commence un long et inintelligible discours. On allait entendre les arguments de son avocat dans l'émouvante plaidoirie qu'il adresserait à Messieurs les jurés. Lui était un homme fini, perdu, bien qu'on le considérât, si l'on peut dire, comme une brebis galeuse, il avait l'intention de s'amender, d'effacer toutes traces du passé en vivant chastement comme une sœur et de revenir à la nature à l'exemple d'un innocent animal domestique. Enfant né au septième mois, il avait été soigneusement élevé et instruit par une parente âgée, clouée sur son lit d'infirme. Peut-être avait-il eu quelques faiblesses de père prodigue, mais il avait bien l'intention de faire peau neuve, à cette heure où il se trouvait enfin pour finir en face du pilori, et de mener une vie toute d'intérieur au soir de ses jours, couvée au sein houleux de la famille. Anglais irlandisé, il avait eu en cette fin d'un jour d'été, de la plate-forme d'une locomotive du train de ceinture, alors que la pluie se faisait désirer après le beau temps, à travers les croisées de maisons débordantes d'amour et de joie de cette ville de Dublin et de sa banlieue, des aperçus, par le fait, de scènes véritablement bucoliques de paradis retrouvé avec des papiers de tentures Dockrell à un shilling neuf pence les douze mètres, angéliques bambins nés citoyens britanniques balbutiant leur prière au Divin Enfant, jeunes écoliers se battant avec leurs pensums, jeunes filles modèles jouant ora non sur le pianoforte, et tous avec ferveur récitant le saint rosaire en famille autour de la bûche de Noël qui pétille et flambe tandis que dans les verts sentiers et les chemins creux se promenaient filles et galants au son de l'accordéon Britannia à résonnances d'orgues, armature métallique avec quatre jeux réels et douze soufflets, une donnée, la meilleure occasion à saisir que jamais…)

(Nouvelle hilarité. Il mâchonne des mots incohérents. Les journalistes se plaignent de ne pas entendre.)

LA CALLIGRAPHE ET LA STÉNO (Sans lever le nez de leurs notes) – Coupez-lui le cordon !

PROFESSEUR MACHUGH (Au banc de la Presse, tousse et interpelle) – Crache-le, mon bonhomme. Expectore-nous ça par petits morceaux.

J.-J. O'MOLLOY (Perruque grise et robe d'avocat, accent de douloureuse protestation) – Ce n'est pas ici le lieu d'une indécente gaieté aux dépens d'un homme égaré dans les vignes du seigneur. Nous ne sommes pas ici dans la fosse aux ours ni à un chahut d'Oxford et ceci n'est pas non plus une parodie de justice. Mon client est mineur, pauvre immigrant d'étranger qui a pris le départ sérieusement handicapé en se cachant à fond de cale et qui essaie de gagner honnêtement sa vie. Le soi-disant délit est dû à une aberration héréditaire momentanée, amenée par hallucination, les coupables familiarités incriminées à tort en l'occurence étant tout à fait licites dans le pays natal de mon client, la terre des Pharaons. Prima facie, je prétends qu'il n'y eut aucune tentative de commerce charnel.

Les relations ne devinrent pas intimes et le grief invoqué par la fille Driscoll, à savoir que sa vertu aurait été sollicitée, ne comporta pas de récidive. Je voudrais insister sur la question de l'atavisme.

Il y a eu des cas de naufrage et de somnambulisme dans la famille de mon client. Si l'accusé pouvait parler, le conte qu'il nous ferait serait l'un des plus étranges qui aient jamais figuré sur les pages d'un livre. Lui-même, monsieur le président, n'est physiquement qu'une ruine, il a la tuberculose des savetiers. Sa principale excuse est qu'il est d'origine mongole et irresponsable de ses actes. En réalité, il n'y est pas du tout.

BLOOM (Nus pieds, torse rachitique, veste et pantalon de lascar, orteils humblement recroquevillés, ouvre ses petits yeux de taupe, regarde autour de lui ébloui et passe une main lente sur son front. Ensuite il remonte sa ceinture à la façon des matelots et, avec un haussement d'épaule d'une déférence toute orientale, il salue la cour et dirige un pouce vers le ciel) – Li fé bien beaucoup beau soir. (Il commence à fredonner simplement)

Li li poo lil chile,
Blingee pigfoot eviy night,
Payee two shilly...*

MADAME YELVERTON BARRY (Robe décolletée opale, gants ivoire douze boutons, pelisse brique ouatinée et garnie de zibeline, peigne de brillants et panache d'aigrettes dans les cheveux) – Arrêtez-le, monsieur l'agent. Il m'a écrit une lettre anonyme avec une écriture maladroitement contrefaite pendant que mon mari était dans la Juridiction Nord de Tipperary pour la session de la province de Munster, c'était signé Jaime Laverge de Bouleau. Il disait qu'il avait contemplé du paradis mes deux pommes adorables alors que j'assistais dans ma loge du Théâtre Royal à une représentation de Gala de la Cigale. Je l'avais complètement embrasé, disait-il.

* Ici, Cyril Grosse passe de la p. 446 à la p. 447.

Il me faisait des ouvertures inconvenantes pour que j'oubliasse mes devoirs à quatre heures et demi, le jeudi suivant, heure de Dunsink. Il me proposait de m'envoyer par la poste une œuvre d'imagination par Monsieur Paul De Kock, intitulée « La Demoiselle aux Trois Corsets ».

MADAME BELLINGHAM (Toque et manteau de lapin-loutre, col relevé jusqu'au menton, descend de son brougham; regard scrutateur à travers un face-à-main d'écaille qu'elle prend au fond de son vaste manchon d'opossum) – À moi aussi. Oui, je crois qu'il s'agit bien du même douteux individu. Il m'a envoyé sous des écritures différentes des compliments de la plus extrême servilité me qualifiant de Vénus aux fourrures et feignant une profonde pitié pour mon cocher, Palmer, gelé sur son siège, tandis que dans la même phrase il se déclarait envieux de sa casquette à oreilles, de sa peau de mouton douillette et de son bonheur d'être à proximité de ma personne quand il se tient derrière ma chaise, portant ma livrée aux armoiries des Bellingham, garnies d'un champ de sable, une tête de cerf alésée d'or. Il me faisait des compliments extravagants sur les extrémités de mes membres inférieurs, sur mes mollets bombés dans des bas de soie tendus à craquer, et couvrait de fleurs mes autres trésors cachés parmi des dentelles sans prix tels, disait-il, qu'il les pouvait évoquer. Il me suppliait, déclarant qu'il sentait que sa mission en ce monde était de me supplier, de souiller le lit conjugal, et de commettre l'adultère dans le plus bref délai possible.

L'HONORABLE MADAME MERVYN TALBOYS (En costume d'amazone, chapeau rigide, bottes à éperons, gilet vermillon, gants mousquetaires suède avec baguettes brodées, longue traîne sur le bras et fouet de chasse avec lequel elle ne cesse de frapper l'empeigne de ses bottes) – Moi aussi. Parce qu'il m'avait vue sur le terrain de polo de Phœnix Park au match As d'Érin contre Amateurs d'Irlande. Mes yeux, je le sais bien, brillaient d'une flamme divine en voyant le Capitaine Batteur Dennehy des dragons d'Ennis gagner la manche sur son cob favori Centaure. Ce Don Juan de bas étage m'avait guettée derrière une voiture de louage et il m'envoya une photographie obscène sous double enveloppe comme celles qu'on vend la nuit tombée sur les grands boulevards à Paris et qui outrage la femme comme il faut. Je l'ai encore. Elle représente une señorita à demi nue, mince et jolie (sa femme, m'assurait-il, avec le plus grand sérieux, prise par lui d'après nature) qui se livre à des actes répréhensibles avec un torero bien musclé, évidemment peu recommandable. Il m'incitait à agir de même, à me mal conduire, à pécher avec des officiers de garnison. Il me conjurait de salir sa lettre de façon qui ne peut se dire, de le châtier, dieu sait s'il le mérite, de l'enfourcher, de le monter et de le cravacher de la manière la plus vicieuse qui soit possible.

MADAME YELVERTON BARRY – Scandaleux ! Aucune excuse ! Un homme marié !

BLOOM – Tous ces gens. Je pensais seulement à quelques bonnes claques. Une sensation de chaleur qui picote sans effusion de sang. Une savante application des verges pour stimuler la circulation.

L'HONORABLE MADAME MERVYN TALBOYS (Rires de dérision) – Ah, mon beau monsieur, ce n'était donc que ça ? Eh bien, Dieu m'est témoin que vous allez avoir la plus grande surprise de votre vie, vous pouvez m'en croire, la plus impitoyable raclée à laquelle puisse s'attendre un homme. Vous avez piqué la tigresse qui dormait en moi, elle se déchaîne.

MADAME BELLINGHAM (Agite manchon et face-à-main avec une fureur vengeresse) – Qu'il lui en cuise, ma chère Hanna. Mettez-lui le feu au derrière. Rossez-moi ce bâtard jusqu'à ce qu'il soit à deux doigts de la mort. Le chat à neuf queues. Châtrez-le. Vivisectez-le.

BLOOM (Frissonnant, ratatiné, joint les mains avec un air de chien battu) – Ô froid l Ô tremblement ! La faute en fut à votre beauté olympienne. Oubliez, pardonnez. La fatalité. Grâce pour cette fois. (Il tend l'autre joue)

MADAME YELVERTON BARRYS (Sévère) – Surtout, ne vous laissez pas attendrir, Madame Talboys ! Étrillez-le de la tête à la queue.

BLOOM – Il a fait tellement chaud.*

* Ici, C. G. passe de la p. 450 à la p. 453.

Tout s'efface. Bloom avance en pataudant. Il s'arrête devant une maison éclairée et écoute. Les baisers, s'élançant de leur retraite, volettent autour de lui, riochant, gazouillant, roucoulant.

LES BAISERS (Gazouillent) – Léo ! (Riochent) Fourrés fouillés douillets mouillés pour Léo ! (Roucoulent) Cou coucou ! Niamniam Fomfom ! (Gazouillent) Gros toutgros ! Pirouette ! Léopopold ! (Riochent) Lioli ! (Gazouillent) Ô Léo !

Ils bruissent, voltigent sur ses vêtements, se posent, atomes volages, étincelles, sequins argentés.

BLOOM – Toucher masculin. Musique triste. Musique d'Église. Ici, peut-être.

(Zoé Higgins, jeune prostituée dans un fourreau saphir fermé par trois boucles de bronze, le cou cerclé d'un étroit velours noir, lui fait un signe, descend légèrement les marches du seuil et l'accoste.)

ZOÉ – Vous cherchez quelqu'un ? Il est à l' intérieur, avec son ami.

BLOOM – C'est ici Madame Mack ?

ZOÉ – Non, au quatre-vingt-un. Ici, c'est Madame Cohen. Vous pouvez aller plus loin et tomber plus mal. La mère Savatisavaton. (Familièrement) Ce soir, elle turbine aussi, avec le vétérinaire, son tuyauteur qui lui donne tous les gagnants et paye pour son fils à Oxford. C'est un boulot de supplément, mais la veine lui est revenue aujourd'hui. (Soupçonneuse) Vous seriez pas son père des fois ?

BLOOM – Non !

ZOÉ – Tous les deux en noir. Et alors, le petit frère, ça le démange ce soir ?

(La chair de Bloom, en éveil, sent venir le contact de ses doigts. Une main passe doucement sur la cuisse gauche.)

ZOÉ – Et les roupettes comment qu'elles vont ?

Bloom – Elles tiennent leur gauche à droite. Curieusement, chez moi, elles sont à droite. Côté de la plus lourde, probablement ; Mésias, mon tailleur, dit que c'est un cas entre mille.

Zoé (Brusque effarement) – C'est un chancre dur, ma parole.

Bloom – Pas vraiment.

Zoé – Je le sens.

(Sa main s'insinue dans la poche gauche du pantalon de Bloom et ramène une pomme de terre noire et dure toute ratatinée. La bouche ouverte et les lèvres mouillées, elle regarde Bloom et la pomme de terre.)

Bloom – C'est un porte-bonheur. Un héritage.

Zoé – Pour Zoé ? Je peux la prendre ? Je serai si gentille, dis ?

(Elle se dépêche de mettre la pomme de terre dans sa poche, glisse son bras sous le sien, se frotte à lui, tiède et souple. Il sourit gêné. Lentement, note à note, un air oriental. Il plonge dans ses yeux mordorés, soulignés de khôl. Il sourit de meilleure grâce.)

Zoé – Tu me reconnaîtras une autre fois.

Bloom (Le délaissé) – Je n'ai jamais aimé une tendre gazelle sans la vouer au trépas…

Zoé (Murmure une mélopée au rythme de la musique, ses lèvres d'odalisque suavement enduites de pure panne de porc et d'eau de rose) – Schorach ani wenowach, benoith Hierushaloim.

Bloom (Sous le charme) – Je pensais bien d'après votre accent que vous étiez de bonne souche.

Zoé – Trop penser nuit, comme on dit.

(Elle lui mordille l'oreille de ses petites dents aurifiées et lui envoie un rassasiant effluve d'ail rance.)

BLOOM (Il a un mouvement de recul tout en caressant son nichon droit d'une main qui ne sait pas s'arrondir) – Êtes-vous de Dublin ?

ZOÉ (Attrape prestement un cheveu indiscipliné et l'enroule à son chignon) – Bougre non. Je suis Anglaise. T'aurais pas un havanos ?

BLOOM (Même geste qu'avant) – Je ne fume presque pas, ma chère enfant. Un cigare par ci, par là. Invention ridicule. (Salace) Il y a mieux pour occuper sa bouche qu'un rouleau puant.

ZOÉ – Vas-y. Fais un discours au peuple, là-dessus.

BLOOM (Salopette d'ouvrier en velours à côtes, jersey noir, lavandière rouge, casquette d'apache) – L'espèce humaine est incorrigible. C'est Sir Walter Raleigh qui a rapporté du nouveau monde ce tubercule et cette herbe, l'un qui ingéré tue tous nos mauvais germes, l'autre qui empoisonne l'oreille, l'œil, le cœur, la mémoire, la volonté, l'intelligence, tout. C'est-à-dire qu'il a introduit le poison cent ans avant que cet autre, dont je ne sais plus le nom, ait introduit la plante nourricière. Le suicide. Les mensonges. Toutes nos habitudes. Regardez plutôt nos mœurs politiques !

(Les carillons de minuit à des clochers distants.)

LES CARILLONS – Retourne, Léopold ! Lord Maire de Dublin !

BLOOM (Portant la robe municipale avec la chaîne) – Électeurs d'Aran Quay, d'Inns Quay, de Rotunda, de Montjoie et de North Dock, ne faudrait-il pas, je vous le demande, lancer une ligne de trams du marché aux bestiaux jusqu'au fleuve ? Voilà la musique de l'avenir. Voilà mon programme. Cui bono ? Mais nos Vanderdeckens de pirates dans leur vaisseau-fantôme financier…

UN ÉLECTEUR – Trois fois trois bans en l'honneur de notre futur premier magistrat municipal !

LE LORD MAIRE HARRINGTON (En robe de pourpre, avec la masse, la chaîne d'or et la large cravate de soie blanche) – Monsieur l'Adjoint, que le discours de Sir Léo Bloom soit imprimé aux frais des contribuables. Que la maison qui l'a vu naître soit décorée d'une plaque commémorative et que la voie connue jusqu'ici de Rue du Parloir de la Vache, adjacente à Cork Street, soit désormais appelée Boulevard Bloom.

BLOOM (Emballé) – Que leur importe à ces Hollandais Volants et voleurs pourvu qu'ils soient mollement étendus dans leur poupe rembourrée à jeter les dés ? Les machines, voilà leur cri, leur chimère, leur panacée. Machines-outils, usurpatrices, loups-garous, monstres manufacturés en vue de regorgement mutuel, gnomes malfaisants et hideux produits de la voracité d'une horde de capitalistes qui s'abat sur notre travail prostitué à leurs appétits. Le pauvre meurt de faim pendant qu'ils engraissent leurs cerfs dix cors ou qu'ils tirent les paisants et les ferdrix, pompeux et puissants ploutocrates, pauvres aveugles. Mais leur règne est volu et leur heure est rivée rajamais, rajam...

(Applaudissements prolongés. Les mâts vénitiens, les mâts enrubannés et les arcs de triomphe surgissent partout. Les fenêtres sont bondées de curieux, surtout de dames. Sur le parcours les régiments du Royal Dublin, le régiment de marche du Royal Ecosse, le Cameron Highlanders et le Welsh Fusiliers font la haie et contiennent la foule. Des lycéens sont juchés sur les réverbères, les poteaux télégraphiques, les rebords de fenêtres, les corniches, les gouttières, les tuyaux de cheminées, les grilles et les gargouilles, sifflant et applaudissant. La colonne de nuées apparaît. Au loin, une fanfare de fifres et de tambours joue le Kol Nidre. Les rabatteurs approchent flanqués d'aigles impériales, de bannières flottantes et onduleuses palmes. L'étendard chryséléphantin domine, entouré des fanions de la municipalité. Vient la tête du cortège précédé de John Howard Parnell, Grand Prévôt, en tabard d'échiquier, le Poursuivant d'Athlone et le Roi d'Armes de l'Ulster. Suivent le Très Honorable Joseph Hutchinson, Lord Maire de Dublin, le Lord Maire de Cork, Leurs Excellences les Maires de Limenck, Gaiway, Sligo et Waterford, vingt-huit pairs Irlandais, les sirdars, grandesses et maharajahs dans leur costume national, le corps des Pompiers de Dublin, le chapitre des saints patrons de la finance dans l'ordre de préséance de leur valeur en Bourse, l'évêque de Down et Connor, Son Éminence

Michael cardinal Logue archevêque d'Armagh, primat d'Irlande, Sa Grâce le Très Révérend Docteur William Alexander, archevêque d'Armagh, primat d'Irlande, le Grand Rabbin, le Président de l'Église presbytérienne, les desservants des chapelles baptiste, anabaptiste, méthodiste et moravienne, et le secrétaire honoraire de la Société des Amis. Après eux, les sociétés, les corporations, les milices, étendards déployés : tonneliers, oiseleurs, constructeurs de moulins, courtiers en publicité, notaires, masseurs, taverniers, bandagistes, ramoneurs, fabricants de graisses alimentaires, tisseurs de bengaline et de popeline, maréchaux ferrants, revendeurs italiens, décorateurs d'églises, fabricants de chausse-pieds, entrepreneurs de pompes funèbres, marchands de soieries, lapidaires, vendeurs aux enchères, inspecteurs d'assurances, teinturiers-dégraisseurs, exportateurs de bière en bouteilles, pelletiers, imprimeurs d'étiquettes, graveurs de sceaux et armoiries, employés de manèges, courtiers en métaux précieux, fournisseurs pour le cricket et le tir à l'arc, fabricants de cribles, mandateurs en œufs et pommes de terre, bonnetiers, gantiers, entrepreneurs de plomberie.)*

ZOÉ – Et parle et parle donc jusqu'à la congestion.

BLOOM (En chapeau clabaud, avec une pipe en terre passée dans le ruban, brogues poussiéreuses, un baluchon d'émigrant noué dans un mouchoir rouge, il mène par un licol de paille un goret noir en chêne fossilisé, et rit du coin de l'œil) – À présent laisse-moi prendre la route, l'hôtesse, car par tous les boucs de Connemara j'risquons de me faire chanter un Te Deum raboteux. (La larme à l'œil) Tout est insanité. Patriotisme, pleurer les morts, la musique, l'avenir de la race. Être ou ne pas être. Le rêve de la vie s'achève. Le finir en paix. Et la vie continue. (Il regarde au loin douloureusement) Je suis ruiné. Quelques pastilles d'aconit. Les stores baissés. Une lettre. Puis s'étendre pour dormir. (Il respire doucement) Plus jamais. J'ai vécu. Adieu, adieu.

ZOÉ (Sèchement, un doigt passé sous son velours de cou) – Sans blague ? Jusqu'à la prochaine. (Elle ricane) Probable que vous vous êtes levé du pied gauche ou que vous avez joui trop vite avec votre bonne amie. Oh, je devine ce que vous pensez.

* Ici C. G. passe de la p. 457 à la p. 469.

BLOOM (Amer) – L'homme et la femme, l'amour, qu'est-ce ? Un bouchon et une bouteille.

ZOÉ (Elle fait la tête.) – Je peux pas blairer les jésuites. Faut y aller bon jeu bon argent même avec une sacrée putain.

BLOOM (Contrit) – C'est vrai que je ne suis pas très aimable. Vous êtes un mal nécessaire. D'où êtes-vous ? De Londres ?

ZOÉ (Avec volubilité) – De Goret-sur-Groin où les cochons de lait jouent du flageolet. Je suis native du Yorkshire. (Elle tient la main de Bloom qui cherche son téton) Écoute un peu mon petit Tom Pouce. Laisse ça, c'est plus bas que ça se tient. T'as-t-il de quoi pour une passe ? Dix shillings.

BLOOM (Sourit et opine lentement) – Plus que ça, ma houri, plus que ça.

ZOÉ – Plus que ça de chic ! (Désinvolte elle le tapote avec des pattes de velours) Viens-tu au salon voir notre nouveau pianola ? Viens et je me mettrai à poil.

BLOOM (Se tâte rêveusement l'occiput avec l'air d'embarras sans égal d'un colporteur harassé supputant la symétrie des poires tapées de la pute) – Il y a quelqu'un si elle savait qui serait atrocement jalouse. Le monstre aux yeux verts. (Avec animation) Vous voyez combien la situation est délicate. Je n'ai pas besoin d'insister.

ZOÉ (Flattée) – Ce que l'œil ne voit pas le cœur n'en souffre pas. (Elle le tapote encore.) Viens.

BLOOM – Rieuse magicienne ! La main qui balance le berceau.

ZOÉ – Gros bébé !

BLOOM (En maillot et pelisse, grosse tête avec une calotte d noirs, fixe des yeux énormes sur sa robe fluide et compt de bronze d'un doigt grassouillet, tirant une lang bégayant) – Un teux tois ; tois tleux tun.

LES BOUCLES – Il m'aime. Un peu. Beaucoup.

ZOÉ – Qui ne dit mot consent. (*Elle ferme sur sa main ses petites griffes écartées, son index trace dans la paume de Bloom le signe convenu de l'envoyé secret, qui l'entraîne à son destin*) Mains chaudes, cœur froid.

# DEUXIÈME PARTIE

(Il hésite entouré d'odeurs, de musique, de tentations. Elle le conduit jusqu'aux marches, l'attirant par l'odeur de ses aisselles, le vice de ses yeux peints, le frou-frou de sa robe sinueuse, dans les plis de laquelle est embusqué le relent léonin de toutes les brutes mâles qui l'ont possédée. Ils arrivent au pas de la porte où sont assises deux consœurs du métier. Sous leurs sourcils au crayon gras elles l'examinent avec curiosité et sourient de son salut empressé. Il lève un pied maladroit.)

ZOÉ (Sa main secourable le rattrape à temps) – Houp-là ! S'agit de pas tomber en l'air.

BLOOM – Le juste tombe sept fois. (Il lui fait place pour entrer) Après vous, ce sont les bonnes manières.

ZOÉ – Les dames en premier, les messieurs derrière.

(Elle entre. Il hésite. Elle se retourne, lui tend les deux mains et le tire à elle. Il saute le pas. Dans l'antichambre sur des cornes de cerf, un chapeau d'homme et un imperméable ; Bloom se découvre, mais en les apercevant fronce le sourcil et sourit l'air préocuppé. Une porte à mi-étage s'ouvre brusquement. Lynch est assis en tailleur sur les poils noirs emmêlés du tapis du foyer, la visière de sa casquette sur la nuque. Il bat la mesure lentement avec une baguette. Kitty Ricketts, une fille blafarde et osseuse, costume marin, gants de daim retroussés pour laisser voir un bracelet de corail, bourse en maillons métalliques à la main, est penchée sur le coin de la table ; elle balance son pied et se regarde dans la glace dorée au-dessus de la cheminée. Un ferret de son lacet de corset dépasse un peu le bord de sa veste. Lynch montre en se moquant le couple qui est au piano.)

KITTY (Tousse dans sa main) – Elle est un rien fêlée. (Elle fait un signe en agitant l'index) Louflouf. (Lynch du bout de sa baguette retrousse sa jupe et son jupon blanc. Vite, elle les rabat) Tenez-vous un peu ! (Elle a le hoquet, et baisse vite son chapeau marin sous lequel ses cheveux luisent, rouges de henné) Oh, excuse !

ZOÉ – Pleins feux, mon petit. (Elle va au lustre et ouvre en grand le robinet)

KITTY (Lorgnant la flamme du gaz) – Qu'est-ce qui lui prend ce soir ?

LYNCH (D'une voix sombrée) – Entrée du Spectre et des farfadets.

ZOÉ – Un petit bravo pour Zoé.

(La baguette étincelle dans la main de Lynch : c'est un tisonnier de cuivre. Stephen est debout prés du pianola sur lequel s'étalent son feutre et sa canne. Il répète une fois de plus avec deux doigts une suite de quintes creuses. Flora Talbot, une fillasse blonde, molle, adipeuse, vêtue d'une souquenille couleur de fraise brouie, se carre en reine de carreau avachie au bout du canapé, son avant-bras flasque allongé sur le traversin, elle écoute. Un gros compère-loriot alourdit sa paupière qui somnole.)

KITTY (Hoquette encore et frappe d'un pied qui chevauche) – Oh, excuse !

ZOÉ (Vive) – Ton amoureux qui pense à toi. Fais un nœud à ta chemise.

(Kitty Ricketts baisse la tête. Son boa se déroule, glisse, frôle l'épaule, le dos, le bras, la chaise et tombe à terre. Lynch soulève de sa baguette la longue chenille. Elle s'encouleuvre le cou et se niche en ses nœuds. Stephen regarde dans son dos la forme accroupie avec la casquette devant-derrière.)

STEPHEN – Mais nom de nom, that is another pair of trousers. Jetez la gourme. Faut que jeunesse se passe. (Il s'arrête, montre la casquette de Lynch, sourit et se met à rire) De quel côté nichez-vous votre bosse de la connaissance ?

LA CASQUETTE (Saturnienne et splénétique) – Bah ! C'est comme ça parce que c'est comme ça. Raisonnement de femme. Un juif grec est un grec juif. Les extrêmes se touchent. La mort est la plus haute expression de la vie. Bah !

STEPHEN – Vous vous souvenez assez fidèlement de toutes nos erreurs, vantardises, bévues. Combien de temps est-ce que je continuerai à fermer les yeux sur votre déloyauté ? Pierre à m'aiguiser !

LA CASQUETTE – Bah !

STEPHEN – Écoutez encore ça. (Plissant le front) La raison est que la fondamentale et la dominante sont séparées par le plus grand intervalle possible qui...

LA CASQUETTE – Qui ? Finis. Tu ne peux pas.

STEPHEN (Avec effort) – Intervalle qui. Est la plus grande ellipse possible. Qui concorde avec. Le retour final. L'octave. Qui.

LA CASQUETTE – Qui ?

(Dehors un gramophone commence à trompeter La Cité Sainte.)

STEPHEN (Brusquement) – Ce qui est allé jusqu'aux bouts du monde pour éviter de se traverser. Dieu, le soleil, Shakespeare, un commis voyageur, s'étant soi-même en réalité traversé soi-même, devient ce soi-même. Une minute. Une seconde. Au diable cette rumeur dans la rue. Ce soi-même que par l'inéluctable condition de sa nature il devait devenir.
Ecco !

LYNCH (Avec un petit hennissement moqueur tique vers Bloom et Zoé Higgins) – Quel savant discours, hein ?

ZOÉ (Vive) – Cornichon que vous êtes, il en sait plus que vous n'en avez oublié.

(Flora Talbot regarde Stephen de toute son obèse stupidité.)

FLORA – On dit que la fin du monde c'est pour cet été.

KITTY – Pas possible !

ZOÉ (Éclate de rire) – Injuste Dieu !

FLORA (Vexée) – Pourtant c'était dans les journaux, à propos de l'Antéchrist. Oh, mon pied qui me chatouille.

De petits crieurs déguenillés, pieds nus, secouent un cerf-volant hochequeue, passent en piétinant et en glapissant.

LES PETITS CRIEURS – Dernière édition. Résultat des courses de chevaux de bois. Serpent de mer dans le canal royal. Heureusement arrivée de l'Antéchrist.

(Stephen se retourne et aperçoit Bloom.)

STEPHEN – Un temps, des temps et la moitié d'un temps.*

ZOÉ – Qui me donne une sèche, il sera gentil ?

LYNCH (Jette une cigarette sur la table) – Voilà.

ZOÉ (Tête campée de côté, simulant la dignité blessée) – Est-ce que c'est la manière de passer le pot à une dame ? (Elle s'allonge pour allumer la cigarette au-dessus de la flamme du gaz en lui imprimant un lent mouvement rotatif et on aperçoit les touffes brunes de ses aisselles. Lynch soulève froidement un pan de sa robe fourreau avec le tisonnier. Au-dessus de sa jarretière sa peau nue est, sous le tissu saphir, d'un vert de nixe. Elle tire sur sa cigarette sans sourciller) Vous voyez le grain de beauté sur ma fesse ?

LYNCH – Je ne regarde pas.

ZOÉ (Elle fait des yeux blancs) – Non ? Bien sûr, vous ne feriez pas ça. Alors, ça ne vous dit rien ?

* Ici C. G. passe de la p. 473 à la p. 477.

(Faisant semblant d'avoir honte elle jette un œil oblique qui en dit long dans la direction de Bloom et serpente vers lui en dégageant sa robe fourreau du tisonnier. De nouveau le bleu fluide coule sur sa chair. Bloom, debout, sourit de concupiscence en faisant tourner ses pouces. Kitty Ricketts mouille son médius avec sa salive et lisse chacun de ses sourcils devant la glace. Lipoti Virag, basilicogrammate, fait par le tuyau de la cheminée une descente rapide et deux pas vers la gauche en se pavanant sur des échasses roses de pitre.)

VIRAG (Talons joints, s'incline) – Mon nom est Virag Lipoti, de Szombathely. (Il a une toux sèche, méditative) Il me semble qu'il y a dans ces parages une débauche de nudité, hein ? Le hasard de sa révélation a posteriori établit le fait qu'elle n'a point coutume de porter ce vêtement intime qui vous inspire une dévotion si particulière. La marque d'injection sur la cuisse ne vous a pas échappé, j'espère ? Bien.

BLOOM – Mais, Granpapachi...

VIRAG – D'un autre côté, le numéro deux, celle au carmin et à la coiffeuse blanche, et dont la chevelure ne doit pas peu à notre extrait national de bois de cyprès, est en tenue de sortie et d'après sa façon de s'asseoir, très à l'étroit dans son corset, si je ne me trompe. Elle a avalé son parapluie, ma parole. Peut-être ai-je tort, mais j'avais toujours compris que l'acte ainsi perpétré par de folâtres humains dans de mousseuses lingeries vous sollicitait en vertu de son exhibitionnisme. L'hippogriffe. Ai-je raison ?

BLOOM – Elle est plutôt maigre.

VIRAG (Affable) – Ni plus ni moins ! Bien observé, et ces poches-paniers de la jupe et ce vague effet blousant n'ont d'autre but que de faire croire à une certaine rotondité des hanches. Achat récent à quelque monstrueuse solde après avoir plumé son pigeon. Élégance professionnelle en trompe-l'œil. Observez l'extrême minutie du détail. Ne remettez jamais demain ce que vous portez aujourd'hui. Parallaxe ! (Avec une crispation nerveuse du cou) Avez-vous entendu ce déclic de mon cerveau ? Polysyllabax !

BLOOM (Le coude au creux de la main, l'index contre la joue) – Elle paraît triste.

VIRAG (*Cynique, montre ses dents jaunes de rongeur, fait rouler son œil gauche sous son doigt, et avec un aboi rauque*) – Du chiqué ! Attention aux nattes dans le dos et aux voiles de crêpe. (*Avec plus de bonne humeur*) Bien, maintenant permettez-moi d'attirer votre attention sur l'article numéro trois. Bon poids et bonne mesure. Observe la masse de matière végétale oxygénée qui lui pousse sur le crâne. Niam ! Regarde. Elle est confortablement charpentée. Elle est calfatée d'une sérieuse couche de graisse. Un mammifère, ça ne fait pas de doute d'après le volume de la poitrine, tu remarqueras qu'elle présente en façade et à portée de la main deux protubérances de respectable dimension, qui ne demandent qu'à tomber dans son assiette à soupe, tandis qu'à l'arrière sur un plan inférieur, s'offrent deux protubérances supplémentaires qui indiquent une certaine puissance rectale, tumescences qui appellent la palpation et ne laissent rien à désirer sauf pour la fermeté. Des parties aussi charnues sont le produit d'une alimentation méthodique. Le gavage sous la mue amène le foie à un volume éléphantesque. Des boulettes de pain frais, de fenugrec et de gomme de benjoin, ingurgitées avec accompagnement de thé vert, les dotent pendant leur brève existence d'une barde de lard aussi colossale que celle d'une baleine. Ça c'est dans vos cordes, pas vrai ? Tripotée de chair d'Égypte qui met l'eau à la bouche. Vautre toi, Lycopode. (*Sa gorge se contracte*) Pan ! Le voila qui recommence.*

*Henry Fleury entre en scène par le fond gauche, et en deux pas glissés s'avance vers le milieu de la scène. Il porte un manteau couleur de muraille et un sombrero d'où tombe une pleureuse. Ses attributs, un tympanon de marqueterie aux cordes d'argent et une pipe Jacob à long tuyau de bambou, et dont le fourneau de terre représente une tête de femme. Collant de velours noir et escarpins à boucles d'argent. Visage de Christ romantique à boucles flottantes, barbe clairsemée et moustaches. Il a les jambes de coq et les pieds plats du ténor Mario, prince de Candide. Il rabat sa fraise empesée et s'humecte les lèvres en y passant une langue amoureuse.*

HENRY (*D'une voix basse et douce, en pinçant les cordes de sa guitare*) – Il est une fleur qui fleurit.

* Ici C. G. passe de la p. 479 à la p. 481.

Virag, truculent, les mâchoires serrées, fixe la lampe. Le grave Bloom contemple le cou de Zoé. Henry le galant tourne son double menton vers le piano.

STEPHEN (À part soi) – Joue les yeux fermés. Imite papa. Je me remplis des cosses des pourceaux. La coupe est pleine. Je me lèverai et irai à mon. Probable que ceci est le. Steve, tu es en périlleuse voie. (Il recommence à pianoter) La mineure vient maintenant. Oui. Pas plus de toute façon.

FLORA – Chantez-nous quelque chose. Pour un peu d'amour.

STEPHEN – Pas de voix. Je suis un artiste tout à fait fini.

FLORA (Avec des mines) – Le vilain petit oiseau qui pouvait et ne voulait pas chanter.

STEPHEN – L'esprit est consentant mais la chair est faible.

ZOÉ – Y avait un curé ici, y a deux jours qui venait faire sa petite affaire et qui gardait son chapeau enfoncé jusqu'aux oreilles. Vous avez pas besoin de vous cacher, que je lui fais. Je sais bien que vous avez la tonsure. (Elle souffle par les narines une fumée de cachalot) Il a pu avoir la communication. Rien que le frottement, vous comprenez. Une course sèche.

BLOOM – Pauvre homme !

KITTY – Et Mary Shortall qu'était à l'hosto avec la vérole qu'elle avait attrapée avec Jimmy Pidgeon le col-bleu qu'elle a eu un enfant de lui qui pouvait pas avaler et qu'a été étouffé dans le matelas avec les convulsions et que nous avons toutes donné pour l'enterrement.

(Kitty ôte ses épingles et dépose tranquillement son chapeau à côté d'elle ; elle donne un petit coup à ses cheveux teints. Et c'était la plus charmante, la plus exquise moisson de boucles séduisantes qui se pût voir sur la tête d'une putain. Lynch prend le chapeau et le met sur sa tête. Elle le reprend au vol.)*

* De la p. 484 à la p. 485.

STEPHEN (La tête tournée vers Zoé) – Vous eussiez préféré le curé combattif qui fut l'auteur de l'hérésie protestante. Mais craignez Antisthène le cynique et la façon dont finit Arius Heresiarchus. L'agonie dans le privé.

LYNCH – Tout ça c'est un seul et même dieu pour elle.

STEPHEN (Religieusement) – Et Souverain Seigneur de toutes choses.

FLORA (À Stephen) – Je parie que vous êtes un défroqué. Ou un moine.

LYNCH – Justement. C'est le fruit du péché d'un cardinal.

STEPHEN – Péché cardinal. Vis de moines.*

(Un homme descend l'escalier qui craque et on l'entend qui prend chapeau et imperméable au porte-manteau. Bloom va machinalement à la porte, la pousse à moitié et en passant offre timidement à Zoé le chocolat qu'il a dans sa poche.)

ZOÉ (Vive, elle renifle les cheveux de Bloom) – Hum, merci maman pour les lapins. Ce qui me revient je l'aime tout plein.

BLOOM (Qui entend une voix d'homme faire la conversation avec les filles en bas sur les marches, tend l'oreille) – Si c'était lui ? Après ? Ou faute de ? Ou coup sur coup ?

ZOÉ (Déchire le papier d'argent) – Les doigts ont été créés avant les fourchettes. (Elle casse et grignote un morceau, donne un autre morceau à Kitty Ricketts et se tourne vers Lynch en faisant la chatte) Qui c'est qui en veut un losange ? (Il accepte. Elle le taquine) L'aura-t-il, l'aura-t-il pas ? (Il ouvre la bouche en levant le menton. Elle fait tourner son appât en rond de droite à gauche. Sa tête suit. Elle le fait tourner en rond de gauche à droite. Il ne la lâche pas des yeux.) Attrape !

* Ici C. G. passe de la p. 485 au bas de la p. 486.

(Elle lui lance le morceau. Il le happe au vol et le fait craquer sous ses dents.)

KITTY (Mastiquant) – L'ingénieur avec qui j'étais à la kermesse il en a je vous dis que ça. Avec plein de bonne liqueur dedans. Et le vice-roi qu'était là avec sa dame. Ce qu'on s'en est payé sur les chevaux de bois. J'en suis encore toute chose.

(Une toux d'homme et des pas qui s'éloignent dans le brouillard. Les traits de Bloom se détendent. Zoé lui offre du chocolat.)

BLOOM (Solennel) – Merci.

ZOÉ – Ne rechignez pas. Là.

(On entend dans l'escalier des talons qui claquent sec.)

BLOOM (Prend le chocolat) – Un aphrodisiaque ? Mais j'aurais cru que c'était. Est-ce que la vanille est un calmant ou ? Mnemo. La lumière trouble la mémoire. Le rouge a une action sur le lupus. Les couleurs influent sur les mœurs des femmes, celles qui en ont. Cette obscurité me rend triste. Mangeons et rions car demain. (Il mange) Ça change aussi le goût ce mauve. Il faut dire qu'il y a si longtemps que je. Ça me paraît nouveau. Aphro. Ce curé. Faut en arriver là. Mieux vaut tard que jamais. Essayer les truffes de chez Andrews.

(La porte s'ouvre. Entre Bella Cohen, une grosse mère maquerelle. Robe demi-longue, ivoire, à la lisière frangée de petits pompons. Elle s'évente en jouant d'un éventail de corne noire comme Minnie Hawck dans Carmen. À sa main gauche alliance et une bague de sûreté. Yeux copieusement charbonnés. Moustache naissante. Face carrée, olive, qui transpire un peu.)*

L'ÉVENTAIL (Pointe lentement vers le sol) – Vous pouvez.

BLOOM (Regarde à terre et remarque que le lacet de bottine de Bella est défait) – On nous épie.

* De la p. 488 à la p. 489.

L'ÉVENTAIL (Pointe vers le sol, vivement) – Il faut.

BLOOM (Qui a envie et qui résiste) – Je sais faire le vrai nœud papillon noir. J'ai appris ça quand je faisais mon apprentissage dans le service d'expédition chez Kellett. J'ai la main. Un nœud en dit beaucoup. Permettez-moi. C'est la moindre des choses. Je me suis déjà mis à genoux une fois aujourd'hui. Ah !

(Bella relève un peu sa robe, et après avoir assuré son équilibre, pose sur le bord d'une chaise une grosse patte chaussée d'une haute bottine au bout d'un jambonneau ganté d'un bas de soie. Bloom, les jambes raides comme un vieux, se penche sur la patte et fait entrer et sortir le lacet avec des doigts légers.)

BLOOM (Murmure amoureusement) – Être vendeur chez Mansfield c'était le rêve de ma jeunesse, les pures ivresses du crochet à boutons, lacer de gauche à droite et de droite à gauche jusqu'au genou la bottine en daim extra doublée de satin et si miraculeusement menue des élégantes de Clyde Road. J'allais même voir tous les jours la grande poupée de cire de la devanture, Raymonde, pour admirer son bas mousseline à la mode de Paris et son orteil rose et lisse comme une tige de rhubarbe.

LA PATTE – Renifle-moi le fumet de ce cuir de chèvre. Rends-toi compte de mon poids majestueux.

BLOOM (En croisant) – Pas trop serré ?

LA PATTE – Si vous bâclez, Gribouille, c'est moi qui vous botterai le ballon.

BLOOM – Ne pas me tromper d'œillet comme j'avais fait le soir du bal de charité. Ça porte malheur. Entré dans le mauvais trou de son… La personne à qui vous avez fait allusion. C'est ce soir-là qu'elle a rencontré… Ça y est !

(Il noue le lacet. Bella pose son pied à terre. Bloom relève la tête. Il reçoit en plein front le choc des regards et de la mâchoire lourde. Les yeux de Bloom se voilent, se cernent, se pochent ; son nez enfle.)

BLOOM (Marmotte) – Dans l'attente de vos ordres, nous restons, messieurs...

BELLO (Avec un dur regard de basilic et un timbre de baryton) – Chien sans honneur !

BLOOM (En extase) – Ma reine !

BELLO (Ses lourdes babines pendantes) – Adorateur de croupes adultères !

BLOOM (Plaintif) – Énormité !

BELLO – Dévorateur d'excréments ! Couché ! (Il la frappe de son éventail sur l'épaule) Penchez-vous, les pieds en avant ! Ramenez le pied gauche d'un pas en arrière. Vous allez tomber. Vous tombez. Sur les mains !

BLOOM (Ses yeux de femme, chavirés d'admiration, se ferment) – Truffes !

(Elle tombe à quatre pattes, en poussant un cri perçant d'épileptique, elle grogne, renifle, gratte la terre aux pieds de Bello, puis reste immobile, contrefaisant la morte, les paupières crispées, tremblante, prosternée dans l'attitude très excellent maître.)

BELLO (Les cheveux en boule, bajoues bleues, un cerne de moustache autour de sa bouche rasée, molletières de montagne, veste verte à boutons d'argent, chemise de sport et chapeau d'alpiniste avec plume de coq de bruyère, les mains enfoncées dans les poches de ses culottes, met son talon sur le cou de Bloom et l'y incruste) – Éprouve tout mon poids. Prosterne-toi, esclave, sous les talons vainqueurs de ton glorieux despote, dont l'altière hauteur lance des éclairs.

BLOOM (Subjuguée et bêlante) – Je jure de ne jamais désobéir.

BELLO (Avec un gros rire) – Saint Connard ! Tu ne te doutes même pas de ce que je te réserve ! Je suis le Tartare, je réglerai ton sort, et je te briserai. Je parie une tournée de cocktails à toute la compagnie que je te ferai mourir de honte, vieille branche. Crâne un peu pour voir.

(Bloom se traîne sous le sofa et risque un œil à travers les franges.)

ZOÉ (Étale sa robe pour la dissimuler) – Elle n'est pas là.

BLOOM (Fermant les yeux) – Elle n'est pas là.

FLORA (La cache avec sa robe) – Elle l'a pas fait exprès, Monsieur Bello. Elle va être bien sage, m'sieu.

KITTY – Soyez pas trop dur avec elle, Monsieur Bello. Vous voulez bien, dites, ma'amsieur ?

BELLO (Tout sucre) – Viens, mon petit canard. J'ai un mot à te dire, ma chérie, rien qu'une petite correction. Un petit tête-à-tête, nous deux, ma chatte. (Bloom avance une tête timide) Là, voilà une bonne petite fifille. (Bello la saisit violemment par les cheveux et la tire dehors) Je veux seulement te corriger pour ton bien, au bon endroit. Comment va-t-il ce tendre postérieur ? Là, le plus doucement du monde, ma belle. Prends ton courage à deux mains.

BLOOM (Près de s'évanouir) – Ne déchirez pas mon…

BELLO (Féroce) – L'anneau dans le nez, les pinces, la bastonnade, le crochet de suspension, le knout, je te ferai tâter de tout ça pendant que joueront les flûtes comme pour l'esclave nubien de jadis. Ce coup-ci, ça y est. Je veux que tu te souviennes de moi à chacun de tes jours jusqu'au terme prévu pour toi par la nature. (Les veines du front se gonflent, la face se congestionne) Je m'assoirai tous les matins sur la selle ottomane de ton dos après un breakfast soigné, tranches de bacon Matterson bien frites et une bouteille de porter Guinness. (Il rote) Et je mordillerai mon fin cigare de boursier tout en lisant la Gazette de l'Alimentation. Il est bien possible que je te fasse abattre et brochetter dans mes écuries et que je m'en paye une tranche avec une bordure de couenne bien rissolée sortant du four arrosée de beurre comme un cochon de lait, garnie de riz et de citron ou d'une sauce groseille. Il t'en cuira.

(Il lui tord le bras. Bloom jette de petits cris et se tourne sur son dos.)

BLOOM – Ne soyez pas cruelle, nounou. Ne soyez pas cruelle.

BELLO (Recommençant) – Encore une fois !

BLOOM (Hurle) – Oh, c'est l'enfer lui-même ! Tous les nerfs de mon corps sont à la torture !

BELLO – Tenez-le les petites, pendant que je lui monte dessus.

ZOÉ – Oui. Montons-lui dessus ! Je le veux.

FLORA – Moi aussi. Ne sois pas trop gourmande.

KITTY – Non moi. Prêtez-le moi.

(La cuisinière du bordel, Madame Keogh, apparaît à la porte, ridée, poils de barbe gris, sarrau graisseux, godasses et chaussettes d'homme rayées gris-vert ; elle est couverte de farine et tient un rouleau à pâtisserie collé de pâte crue dans sa main et contre son bras rouge.)

MADAME KEOGH (Sanguinaire) – Faut-il que je donne un coup de main ? (Elles saisissent Bloom et l'empêchent de bouger)

BELLO (En colère, écrase la braise de son cigare sur l'oreille de Bloom) – Où diable est ce sacré cochon de cendrier ?

BLOOM (Aiguillonné, fessétouffé) – Oh ! Oh ! Monstres ! Harpies !

BELLO – Tu peux en redemander toutes les cinq minutes. Je veux que tu pries, que tu supplies pour en avoir, comme tu n'as jamais prié. (Il lui met sous le nez son immonde cigare dans un poing qui fait la figue) Tiens, embrasse ça. Les deux. Embrasse. (Il se met à califourchon, et serrant sa monture entre ses genoux, il l'excite d'une voix rude) Hep ! À dada ! Un étalon de Banbury cross. Je le monterai pour le prix de l'Éclipse. (Il se penche de côté et pince brutalement les testicules de sa monture en criant) Ho ! Piquons des deux ! Je vous dresserai à la mode de chez nous. (Il monte l'étalon, bondissant sur sa selle) La dame va au pas au pas et le cocher va au trot au trot et le monsieur va au galop au galop au galop au galop.

FLORA (Tire Bello par la manche) – Laissez-moi aller sur lui maintenant. Assez pour vous. J'ai demandé avant vous.

ZOÉ (Tire la manche de Flora) – Moi. Moi. T'en as pas encore fini avec lui, sangsue ?

BLOOM (Qui suffoque) – Peux plus. (Inclinée)* Maître ! Maîtresse ! Dompteuse de mâles !

BELLO (Satirique) – Le jour vous ferez tremper et vous frotterez nos dessous malodorants, même quand nous, les dames, serons indisposées, et vous récurerez nos latrines, les jupes relevées et un chiffon sale entortillé autour de votre queue. Ça ne sera pas gentil ? (Il lui passe au doigt une bague avec un rubis.) Et voilà. Cette bague te consacre mienne. Dis : merci maîtresse.

BLOOM – Merci maîtresse.

BELLO – Vous ferez les lits, vous préparerez mon tub, vous viderez les pots de pipi dans toutes les chambres, y compris celui de la vieille cuisinière, Madame Keogh, toujours plein de sable. Oui, oui, et il faudra les rincer tous les sept, et bien, entendez-vous, ou me siffler ça comme du Champagne. Buvez-moi tout chaud tout bouillant. Ouste ! Il faudra pas que ça traîne, sinon je vous ferai un sermon en trois points sur vos écarts de conduite, Miss Rubis, et je vous donnerai une raclée sur votre cucu, Mademoiselle, avec la brosse à cheveux. Je vous ferai revenir de vos égarements. Le soir après avoir bien enduit de crème vos mains bracelettées vous enfilerez pour dormir des gants quarante-trois boutons frais poudrés de talc et délicatement parfumés au bout des doigts. Pour telles faveurs les chevaliers d'antan offraient leur vie. (Il ricane) Mes fanfans ne seront pas à moitié contents de faire connaissance avec une aussi belle dame, surtout le colonel. Quand ils vont s'amener pour enterrer leur vie de garçon le soir avant le mariage et qu'ils pourront caresser mon nouveau numéro sensationnel. Mais avant je m'offrirai un tour gratuit. Un homme que j'ai connu aux courses qui s'appelle Charles Alberta Marsh (J'étais justement couché

* Ici C. G. passe de la p. 492 à la p. 495.

avec lui tout à l'heure et un autre client qui est expéditionnaire chez Monsieur Lebureau) cherche en ce moment une bonne à tout faire libre tout de suite. Développez le buste. Faites risette. Effacez les épaules. Y a t-il un amateur ? (Il la désigne) Pour cet article dressé par son propriétaire à chercher et à rapporter le panier dans la gueule. (Il retrousse sa manche et plonge son bras jusqu'au coude dans la vulve de Bloom) Vous voyez, ça ne manque pas de profondeur ! Eh bien mes petits agneaux ? Ça vous la met en l'air ? (Il fourre son bras dans la figure d'un enchérisseur) À la régalade, et qu'on se rince la dalle.

L'AMATEUR – Un florin.

(Le garçon de salle de chez Dillon agite sa clochette.)

UNE VOIX – Un shilling et huit pence de trop.

LE GARÇON DE SALLE – Badang !

CHARLES ALBERTA MARSH – Doit être vierge. Bonne haleine. Nette.*

BLOOM – J'ai été outrageusement traité. J'i... rai en justice. Demanderai cent livres. Inqualifiable. Je...

BELLO – Tu voudrais mais tu ne peux pas, couille molle. C'est pas trois gouttes qu'on veut, c'est une bonne averse.

BLOOM – C'est à devenir fou ! Moll ! J'ai oublié ! Pardon ! Moll ! Nous... Pourtant...

BELLO (Inexorable) – Non, Léopold Bloom, tout a changé, par la volonté de la femme, depuis que tu t'es endormi tout de ton long dans le Vallon du Sommeil, pour ta nuit de vingt ans. Retourne chez toi et regarde.

Le vieux Vallon du Sommeil clame au-dessus de la lande.

LE VALLON DU SOMMEIL – Rip Van Winkle ! Rip Van Winkle !

* Ici C. G. passe de la p. 496 à la p. 497.

Bloom (Mocassins en lambeaux, fusil de chasse rouillé, va sur la pointe des pieds, doigts tâtonnants, coller sa face barbue, osseuse et hagarde contre les carreaux taillés diamant et s'écrie) – Je la vois ! C'est elle ! Le premier soir chez Mat Dillon ! Mais cette robe, la verte ! Et ses cheveux sont teints en blond et il…

Bello (Moqueur) – C'est ta fille, eh hibou, avec un étudiant de Mullingar.

Milly Bloom, cheveux dorés, veste verte, légères sandales, son écharpe bleue tournant nos têtes au vent de mer, s'arrache des bras de son amoureux et s'exclame, ses jeunes yeux grands ouverts d'étonnement.

Milly – Mais ! C'est papli ! Oh, papli, comme vous êtes devenu vieux !

(Bloom se mord le pouce.)

Bello – Si tu as encore le moindre sentiment, crève et va te faire foutre en enfer. Je te réserve une bonne vieille bouteille qui t'y fera faire un petit saut et plus vite que ça. Rédige ton testament et laisse-nous tout le blé qui te reste. Et si tu n'en as pas, faudrait voir à te démerder, vole-le, pille ! Nous t'enterrerons dans les chiottes au fond du jardin, là tu pourras pourrir à ton aise avec le vieux Cuck Cohen, mon neveu par alliance que j'avais épousé, ce putain de vieux goutteux de procureur sodomite, avec sa crampe au cou, et avec mes dix ou onze autres maris, je ne sais même plus le nom de toutes ces tantes-là, tous asphyxiés dans la même fosse d'aisance. (Il éclate d'un rire gros de crachats) Nous vous donnerons du fumier. Mister Fleury. (Il sifflote persifleur) Bye bye, Poldy ! Bye bye, Papli !

Bloom (Se prend la tête à deux mains) – Ma volonté ! Ma mémoire ! J'ai péché ! J'ai souff…

(Il pleure, les yeux secs.)

Bello (Ricane) – Chialeur ! Larmes de crocodiles !

Bloom, brisé, strictement voilé pour le sacrifice, sanglote face contre terre. On entend la cloche des morts.

DES VOIX (En soupirant) – Ainsi le voilà parti. Ah oui. Oui, vraiment. Bloom ? Jamais entendu parlé. Non ? Drôle de type. Voilà sa veuve. Ah oui ? Parfaitement.*

On entend le bruit d'une chute d'eau, gaie cascade.

LA CHUTE D'EAU – Poulaphouca Poulaphouca Poulaphouca Poulaphouca.

LES IFS (Murmurent) – Qui est venu à Poulaphouca en excursion avec son collège ? Qui a laissé ses camarades chercher la noisette pour rechercher notre ombre ?

BLOOM (Thorax étriqué, épaules en porte-manteau, rembourrées dans un impossible complet rayé gris et noir, trop juste pour lui, souliers de tennis blancs, bas à liseré et revers, casquette d'uniforme rouge avec insigne) – J'avais dans les douze ans, en pleine croissance. Alors il me fallait peu de choses, un véhicule qui vous secoue, les odeurs mêlées du vestiaire et du lavabo des dames, leur foule moutonnante, pressée sur les marches du vieux Théâtre Royal car elles aiment les endroits où l'on s'écrase, l'instinct du troupeau, et la salle obscure qui sent le sexe lâche la bride au vice. Et puis la chaleur. Il y avait des taches sur le soleil cet été-là. La fin des classes. Et le baba au rhum. Jours alcyoniens.

LES JOURS ALCYONIENS – Maquereau ! Reviens-nous ! Hourra !

BLOOM (Un grand dégingandé, gants chauds et cache-nez tricotés par maman, abasourdi par les balles mortes de boules de neige, fait des efforts pour se relever) – Encore ! Comme à seize ans ! Quelle farce ! Allons tirer toutes les sonnettes de Montague Street. (Il pousse une faible acclamation) Hourra pour la Grande École !

L'ÉCHO – Fol !

LES IFS (Bruissent) – Elle a raison notre sœur. Murmure. (Des baisers murmurants bruissent dans tout le bois. Au creux des arbres et parmi le feuillage des faces d'hamadryades sont aux aguets, fleurs fleuries) Qui osa profaner nos ombrages muets ?

* Ici C. G. passe de la p. 499 à la p. 501.

LA NYMPHE (Effarouchée, derrière ses doigts en éventail) – Là ! En plein air !

LES IFS (Avec de grandes ondulations) – Oui, sœur. Et sur notre vierge gazon.

LA CHUTE D'EAU – Poulaphouca Poulaphouca Poulaphouca Poulaphouca

LA NYMPHE (Les doigts ouverts) – Oh ! Infamie !

BLOOM – J'étais précoce. La jeunesse. Les faunes. J'ai sacrifié au dieu de la forêt. L'éveil du printemps. Le temps des amours. L'attraction capillaire est un phénomène naturel. Lotty Clarke et ses cheveux de lin, je l'ai vue faire sa toilette du soir entre les fenêtres mal fermées, grâce aux lorgnettes de théâtre du pauvre papa. La polissonne mâchonnait l'herbe sauvagement. Elle s'est laissée rouler le long de la pente au Pont Rialto pour me tenter avec le flux de son énergie animale. Elle a grimpé à leur arbre tordu et moi je...
Même un saint n'aurait pas résisté. J'étais possédé du démon. Mais après tout, qui m'a vu ?

Des formes à la file, lente frise sylvestre, serpentent autour des troncs d'arbres, en se hélant.

LA VOIX DE KITTY (Dans le fourré) – Passe-nous un de ces coussins.

LA VOIX DE FLORA – Ici.

Un coq de bruyère volette lourdement dans le sous-bois.

LA VOIX DE LYNCH (Dans le fourré) – Fichtre ! Très chaud !

LA VOIX DE ZOÉ (Sortant du fourré) – C'est venu d'un endroit où ça chauffe.

LA VOIX DE VIRAG (Cacique sur le sentier de guerre, zébré de bleu, emplumé et armé d'une sagaie, traverse à grandes enjambées un champ de roseaux bruissants en piétinant faînes et glands) – Ça chauffe ! Ça chauffe ! Gare au Bison-Accroupi !

BLOOM – C'est plus fort que moi. La tiède empreinte de sa forme tiède. Le seul fait de m'asseoir là où une femme s'est assise, surtout avec les jambes écartées comme pour accorder les suprêmes faveurs, et plus, surtout quand elle a commencé par bien relever les pans d'une jaquette doublée de satin blanc. Si fémininement plein. Pleine félicité.

LA CHUTE D'EAU – Pleniplena Poulaphouca Poulaphouca Poulaphouca

LES IFS – Ssh ! Sœur, parle !

LA NYMPHE (Sans yeux, en robe blanche de nonne, guimpe et cornette aux larges ailes, avec douceur, les yeux absents) – Le couvent Tranquilla. Sœur Agathe. Le mont Carmel, les apparitions de Knock et de Lourdes. Plus de désirs. (Sa tête s'abandonne, elle soupire) Rien que de l'éthéré. Où la rêveuse crémeuse mouette sur le flot morne volette.

BLOOM (Froidement) – Vous avez rompu le charme. La goutte qui fait déborder. S'il n'y avait que l'éthéré, où seriez-vous, postulantes et novices. Des façons, mais du vice, comme âne qui pisse.

LES IFS (Précipités du papier d'argent de leurs feuilles) – Décidément !

LA NYMPHE – Sacrilège ! Attenter à ma vertu ! (Une grande tache humide apparaît sur sa robe) Souiller mon innocence ! Vous n'êtes pas digne de toucher le bord du vêtement d'une honnête femme. (Elle serre sa robe contre elle) Attends un peu Satan. Tu ne roucouleras plus. Amen, Amen, Amen, Amen.

C'est Bella Cohen qui se tient devant lui.

BELLA – Vous me reconnaîtrez la prochaine fois.

BLOOM (L'examine avec sang-froid) – Passée. Vieux mouton joue à l'agneau. La dent branlante et les cheveux superflus. Un oignon cru le soir serait excellent pour votre teint. Et faites donc un peu d'exercice pour réduire ce double menton. Vos yeux sont aussi expressifs que les boules de verre de votre renard empaillé. Ils sont à proportion du reste, c'est tout ce qu'on peut en dire.

BELLA (Méprisante) – En fait, vous n'êtes pas de force (Son con de truie jappe) Fohracht !

BLOOM (Non moins méprisant) – Commencez donc par essuyer ce petit doigt sans ongle, le jus de votre brute dégouline de votre crête de coq. Prenez une poignée de foin et nettoyez-vous.

BELLA – Je te connais, bourreur de crâne ! Congre mort !

BLOOM – Je l'ai vu, gibier de foutoir ! Vendeuse de chtouille et de castapiane !

(Mal à l'aise Kitty habille ses dents avec le papier d'argent. Bloom s'approche de Zoé.)

BLOOM (Gentiment) – Rendez-moi cette pomme de terre, voulez-vous ?

ZOÉ – Un gage, une belle chose et une superbelle chose.

BLOOM (Sentimental) – Ce n'est rien du tout mais quand même, une relique de la pauvre maman.

ZOÉ – Give a thing and take it back (Donne une chose et reprends-là)
God'll ask you where is that (Dieu d'mandera où c'est que ça)
You'll say you don't know (Tu diras j'sais pas trop)
God'll send you down below (Dieu t'fera tomber de haut)

BLOOM – C'est le souvenir qui s'y attache. Je voudrais bien l'avoir.

STEPHEN – L'avoir ou ne pas l'avoir, telle est la question.

ZOÉ – Ici. (Elle prend un ris de sa robe, découvrant sa cuisse nue, et déroule la pomme de terre depuis l'extrémité de son bas) Ceux qui cachent savent où trouver.

BELLA (De mauvaise humeur) – Ici. C'est pas un peepshow musical. Il faudrait voir à pas écrabouiller le piano. Qui est-ce qui paye ?

(Elle va au pianola. Stephen fouille dans sa poche, saisit un billet par un angle et lui tend.)

STEPHEN (Avec une politesse exagérée) – Cette bourse de soie je me la suis faite dans l'oreille de cochon du public. Madame, excusez-moi. Si vous voulez bien me permettre. (Il montre vaguement Lynch et Bloom) Nous sommes tous de la même ponte, Kynch et Lynch. Dans ce bordel où tenons nostre état.

LYNCH (Près de la cheminée, interpelle) – Dedalus ! Donne-lui votre bénédiction de ma part.

STEPHEN (Tend une pièce à Bella) – C'est de l'or. Elle est servie.

BELLA (Regarde la pièce, puis Zoé, Flora et Kitty) – Vous voulez les trois ? Ici, c'est dix shillings.

STEPHEN (Aux anges) – Mille et une excuses. (Il se fouille encore, ramène et lui tend deux couronnes) Permettez, brevi manu, j'ai la vue un peu trouble.

(Bella va jusqu'à la table pour compter l'argent tandis que Stephen monologue en monosyllabes. Zoé bondit sur la table. Kitty se penche sur l'épaule de Zoé, Lynch se lève, remet sa casquette dans le bon sens et prenant la taille de Kitty, ajoute sa tête au groupe.)

FLORA (Peine pour se remettre debout) – Aïe ! J'ai mon pied qu'est endormi ! (Elle va en boitant jusqu'à la table, Bloom s'approche)

BELLA, ZOÉ, KITTY, LYNCH, BLOOM (Papotage et chamaillis) – Le monsieur... Dix shillings... Il paie pour les trois... S'il vous plaît un moment... Ce monsieur-ci paie de son côté... Qui est-ce qui touche ?... Faites donc attention où vous pincez... Aïe... Restez-vous la nuit ou juste une passe ?... Qui est-ce qui ?... Vous mentez, pardon... Le monsieur a payé comme un gentleman... Boire... Y a longtemps qu'il est onze heures.

STEPHEN (Au pianola, fait un geste d'horreur) – Pas de bouteilles ! Quoi, onze heures ? Une énigme.

ZOÉ (Relève sa robette et glisse un demi-souverain à l'extrémité de son bas) – Durement gagné, à la sueur de mon dos.

LYNCH (Enlève Kitty de la table) – Arrive !

KITTY – Attends (Elle rafle les deux couronnes)

FLORA – Et moi ?

LYNCH – Houp là ! (Il la soulève, l'emporte et la flanque sur le sofa)

STEPHEN – The fox crew, the cocks flew, (Le renard chantait, les coqs fuyaient)
The bells in heaven (Les cloches au paradis)
Where striking eleven (Sonnaient onze heures)
The time for her poor soul (L'heure pour sa pauvre âme)
To get out of heaven (D'aller au paradis)

BLOOM (Pose tranquillement un demi-souverain sur la table entre Bella et Flora) – Voilà, permettez. (Il prend le billet d'une livre) Trois fois dix. Compte rond.

BELLA (Admirative) – T'es plutôt démerdard, vieille branche.
Je pourrais t'embrasser.

ZOÉ (Le montre) – Hum ? Profond comme un puits.

(Lynch renverse Kitty sur le sofa et l'embrasse. Bloom apporte le billet à Stephen.)

BLOOM – Votre bien.

STEPHEN – Comment ça ? L'absentminded beggar ou le mendiant distrait. (Il fourrage dans sa poche et en retire une poignée de monnaie. Quelque chose tombe) C'est tombé.

BLOOM (Se baisse pour le ramasser et lui tend une boite d'allumettes) – Oui, ceci.

STEPHEN – Mes Lucifer. Merci.

BLOOM (Tranquillement) – Vous feriez mieux de me donner cet argent à garder. Pourquoi payer plus ?

STEPHEN (Lui donne toutes ses pièces) – Soyons juste avant d'être généreux.

BLOOM – Je veux bien mais est-ce raisonnable ? (Il compte) Un, sept, onze puis cinq. Six. Onze. Je ne réponds pas de ce que vous avez pu perdre.

STEPHEN – Pourquoi onze heures sonnaient ? Eleven Proparoxyton. L'avant prochain moment dit Lessing. Renard assoiffé. (Il rit très fort) Il enterrait sa grand-mère. Lui qui, probablement, l'avait tuée.

BLOOM – Ça fait une livre six shillings onze. Disons une livre sept.

STEPHEN – M'en fous comme de l'an quarante.

BLOOM – Non, mais…

STEPHEN (S'approche de la table) – Cigarette, s'il vous plait. (Du sofa, Lynch jette une cigarette sur la table) Et alors Georgina Johnson est morte et épousée. (Une cigarette apparaît sur la table. Stephen la considère) Miracle. Magie de salon. Mariée. Hm. (Il craque une allumette et se met en devoir d'allumer la cigarette, avec une énigmatique mélancolie.)

LYNCH (Qui l'observe) – Vous auriez plus de chance de l'allumer en tenant l'allumette plus près.

STEPHEN (Approche l'allumette de son œil) – Œil de lynx. Faut que je m'achète des lunettes. Les ai cassées hier. Il y a seize ans. Distance. L'œil voit tout plat. (Il éloigne l'allumette. Elle s'éteint) Le cerveau pense. Près. Loin. Inéluctable modalité du visible. (Il fronce les sourcils mystérieusement) Hm. Sphinx. La bête à deux dos à minuit. Mariée.

ZOÉ – C'est un voyageur de commerce qui l'a épousée et emmenée avec lui.

FLORA (Appuie) – Monsieur Lagneau de Londres.

STEPHEN – Agneau de Londres, qui enlevez les péchés du pauvre monde.

LYNCH (Qui enlace Kitty sur le sofa, psalmodie) – Dona nobis pacem.

(La cigarette glisse des doigts de Stephen. Bloom la ramasse et la jette dans la grille de cheminée.)

BLOOM – Ne fumez pas. Vous devriez manger plutôt. Si je n'avais pas rencontré ce maudit chien. (À Zoé) Vous n'auriez pas quelque chose ?

ZOÉ – Il a faim ?

STEPHEN (Allonge la main dans sa direction et chante l'air du serment du sang dans le Créspuscule des Dieux) – Hangende Hunger
Fragende Frau
Macht uns alle kaput.

ZOÉ (Tragique) – Hamlet, je suis le gibelet de ton père. (Elle prend sa main) Mon beau gosse aux yeux bleus, je vais lire dans ta main. (Indiquant du doigt son front) Ni ride, ni raison. (Elle compte) Deux, trois. Mars, c'est du courage. (Stephen fait non de la tête) Pas une poule mouillée.

LYNCH – Un éclair de courage. Le jeune homme qui ne frissonnait ni ne tremblait. (À Zoé) Qui vous a appris la chiromancie ?

ZOÉ (Se retourne) – Demande à mes roustons que j'sais pas où y sont. (À Stephen) Je le vois à votre visage. À l'œil, comme ça.

(Tête penchée, elle fronce les sourcils.)

LYNCH (En riant, donne deux claques à Kitty par derrière) – Comme ça, Ursule. Pampam-la-férule. (Ou comme ça. Papa bat)

ZOÉ – Quel jour êtes-vous né ?

STEPHEN – Jeudi. Aujourd'hui.

ZOÉ – L'enfant du jeudi a du chemin devant lui. (Elle suit les lignes de sa main) Lignes de la destinée. Amis influents.

FLORA (Montrant du doigt) – Imagination.

ZOÉ – Mont de la lune. Vous aurez une rencontre avec une… (Elle jette un regard brusque sur ses mains) Je ne vous dirai pas ce qui n'est pas bon pour vous. À moins que vous ne vouliez savoir ?

BLOOM (Détache les doigts de Zoé et lui présente sa paume) – Ça ferait plus de mal que de bien. Tenez. Lisez dans la mienne.

BELLA – Faites voir. (Elle retourne la main de Bloom) Je pensais bien. Os des doigts en boule, homme à femmes.

ZOÉ (Examinant la paume de Bloom) – Le gril. Traversées, voyages et mariage d'argent.

BLOOM – Faux.

ZOÉ (Vivement) – Ah, je vois. Petit doigt court. Mari mené par sa femme. C'est ça ?

BLOOM (Montre sa main) – Ce bourrelet-là, c'est un accident. Tombé et coupé il y a vingt-deux ans. J'avais seize ans.

ZOÉ – Je vois, dit l'aveugle. Quelles nouvelles ?

STEPHEN – Tu vois ? En route vers un grand but. Moi aussi vingt-deux ans. Il y a seize ans moi vingt-deux ans je suis tombé, il y a vingt-deux ans lui seize ans il est tombé de son grand cheval de bois. (Il grimace.) Je me suis écorché la main je ne sais où. Il faut que je consulte un dentiste. Et l'argent ?

(Zoé parle à l'oreille de Flora. Elles ricanent. Bloom dégage sa main et s'occupe à tracer sur la table des caractères d'une écriture renversée dont un crayon fignole les courbes.)

FLORA – Quoi ?

Une voiture de place numéro trois cent vingt-quatre attelée d'une jument aux belles fesses, conduite par James Barton, Harmony Avenue, Donnybrook, passe au trot. Blaze Boylan et Lenehan le long des banquettes se laissent aller au balancement du véhicule. Blaze Boylan se penche entre les banquettes, canotier de paille sur l'oreille, fleur rouge aux dents. Lenehan, en casquette de marine et souliers blancs cueille avec empressement un long cheveu sur l'épaule de Blaze Boylan.

LENEHAN – Holà ! Qu'aperçois-je là contre ? Autour de quels cons avez-vous ramassé ces toiles d'araignées ?

BOYLAN (De sa place, sourit) – J'ai plumé une dinde.

LENEHAN – Un travail de nuit bien gagné.

BOYLAN (Lève quatre doigts aux ongles spatulés et cligne de l'œil) – La môme à son Dache ! Ceux qui ne sont pas contents de la marchandise, on leur rend leur argent. (Il allonge l'index.) Sentez-moi ça.

LENEHAN (Renifle joyeux) – Ah ! Homard mayonnaise. Ah !

ZOÉ et FLORA (Rient ensemble) – Ha ha ha ha.

BOYLAN (Saute de la voiture de place d'un pied sûr et crie bien haut pour que tous entendent) – Hello, Bloom ! Madame Bloom est-elle levée ?

BLOOM (En veste de peluche prune et culottes de larbin de grande maison, bas chamois, perruque poudrée) – J'ai peur que non, Monsieur, les derniers accessoires…

BOYLAN (Lui jette six pence) – Voilà pour vous payer un gin à l'eau. (Il accroche son chapeau avec désinvolture à l'un des andouillers de la tête boisée de Bloom.) Introduisez-moi. J'ai une petite affaire privée à régler avec votre femme en particulier. Vous comprenez ?

BLOOM – Merci, monsieur. Oui, monsieur. Madame Tweedy est dans son bain, monsieur.

MARION – Il doit se considérer comme très honoré. (Elle sort de l'eau) Raoul, mon chéri, viens me sécher. Je suis toute nue. Je n'ai que mon chapeau neuf et une éponge de voiture.

BOYLAN (L'œil allumé) – Tout de suite !

BELLA – Quoi ? Qu'est-ce que c'est ?

(Flora lui parle à l'oreille.)

MARION – Qu'il regarde, l'ensorceleur ! Proxénète ! Et qu'il se flagelle ! J'écrirai à une prostituée de grande vigueur ou à Bartholomona, la femme à barbe, de lui bourreler la peau à un pouce d'épaisseur et de lui faire me rapporter un reçu signé et timbré.

BELLA (Riant) – Ho ho ho ho.

BOYLAN (Par-dessus l'épaule de Bloom) – Vous pouvez mettre un œil au trou de la serrure et faire joujou tout seul pendant que je mettrai dans le trou-madame, une deux, une deux.

BLOOM – Merci, monsieur. C'est ce que je vais faire, monsieur. Puis-je amener deux camarades à moi pour être témoins et prendre un instantané ? (Il tient un pot d'onguent) Vaseline, monsieur ? Fleur d'oranger ? Eau tiède ?

KITTY (Du sofa) – Raconte-nous, Flora. Raconte-nous. Qu'est-ce que...

Flora lui murmure quelque chose. Murmure de mots d'amour murmurés à liche lèvrelanguelape, papotement plopslop.

MINA KENNEDY (Les yeux en extase) – Oh, ça doit être comme un parfum de géraniums et de pêche fondante ! Oh, il idolâtre jusqu'au plus petit coin de sa peau ! Collés ensemble ! Recouverts de baisers !

LYDIA DOUCE (Sa bouche s'ouvre) – Niamniam. Oh, il l'emporte autour de la chambre tout en faisant ça ! Comme s'il montait un cheval de course. On les entendrait à Paris et à New York. C'est comme des fraises et de la crème plein la bouche.

KITTY (Elle rit) – Hi hi hi.

LA VOIX DE BOYLAN (Douce et rauque du creux de l'estomac) – Ah ! Bonacheruk Brutarchkrasht !

LA VOIX DE MARION (Rauque, douce au sortir du gosier) – Oh ! Ouissouassbizima Pooisthnapoojoui !

BLOOM (Les yeux exorbités, se tient à deux mains) – Fais voir ! Cache-la ! Fais voir ! Enfonce-la ! Encore ! Feu !

BELLA, ZOÉ, FLORA, KITTY – Ho ho ! Ha ha ! Hi hi !

LYNCH (Geste indicateur) – Le miroir présenté à la Nature. (Il rit) Hu hu hu hu hu hu.

Stephen et Bloom regardent le miroir. Le visage de William Shakespeare, sans barbe, y apparaît, les traits figés par la paralysie faciale et couronnés par l'image réfléchie des cornes de cerf du porte-manteau de l'antichambre.

SHAKESPEARE (Ventriloque noblement) – Au rire trop sonore on connaît l'esprit vide. (À Bloom) Tu vas pensant comme un qui se croit invisible. Regarde. (Il coqueline avec un rire de chapon noir) Iagogo ! Comment mon Oqtébo estouffa sous Testrébonne, Iagogo !*

LYNCH (Bat du tambour sur le sofa) – Brmm Brmmm Brmmm Brmmbrrmmbrmm.

* Ici C. G. passe de la p. 511 à la p. 513.

STEPHEN (Guignol épilectique, fait son boniment) – Mille lieux de plaisir pour prodiguer vos soirées avec jolies dames qui vendent les gants et autre chose peut-être son cœur brasserie établissement tiptop à la mode very excentric tas de cocottes-là huppées nippées comme qui dirait princesses dansent le cancan et qui marchent clowneries parisiennes extra idiotes pour célibataires étrangers quand bien même elles parlent mauvais anglais faut voir comme ça est calé sur la bagatelle et les sensations voluptueuses. Gentlemen copurchics ils doivent visiter pour son plaisir ciel et enfer spectacle avec bougies mortuaires et larmes d'argent tous les soirs. Moquerie comme ça absolument very shocking de la religion y a pas dans le monde entier. Toutes les chics girls qui entrent à l'intérieur bien modestes elles se déshabillent et piaillent pour voir l'homme-vampire faire l'amour avec une religieuse tout ce qu'il y a de plus jeunette avec dessous troublants. (Il fait clapper bruyamment sa langue) Ho, lala ! Ce pif qu'il a !

LYNCH – Vive le vampire !

LES FILLES – Bravo ! Parleyvoo !

STEPHEN (Fait des grimaces, la tête renversée, rit aux éclats et s'applaudit lui-même) – Grand succès de rire. Les anges kif-kif cocottes et les saints apôtres avec des gueules d'assassins. Demi-mondaines pschutteuses étincelantes de diamants et si smarts. Ou peut-être que plutôt préférez-vous perfectionner plaisir bien moderne turpitudes des vieux messieurs ? (Il trace dans le vide des arabesques grotesques auxquelles répondent Lynch et les filles.) Femme mannequin caoutchouc réversible et nudités vierges très lesbiennes le baiser à répétition. Gentlemen entrez vous verrez dans les glaces toutes les positions et trapèzes et toute cette mécanique là aussi si on veut on voit un salaud de garçon boucher qui fornique dans du foie de veau encore chaud ou avec sur le ventre une omelette pièce Shakespeare.

BELLA (Se tape sur le ventre et se laisse aller sur le sofa en riant comme une bossue) – Une omelette sur le… Ho ! Ho ! Ho ! Ho ! Omelette sur le…

STEPHEN (Il minaude) – Moi aimer vous. Sir darling. Moi parler anglais vous pour double entente cordiale. O yes, mon loup. How much cost ? Waterloo. Watercloset. (Il s'arrête brusquement et lève l'index)

BELLA (Elle rit) – Omelette…

LES FILLES (Elles rient) – Bis ! Bis !

STEPHEN – Écoutez. J'ai rêvé d'un melon d'eau.

ZOÉ – C'est un voyage et vous aimerez une dame étrangère.

LYNCH – À travers le monde pour une femme.

FLORA – Les rêves, c'est le contraire qu'ils veulent dire.

STEPHEN – C'est ici. La rue des filles. Dans la serpentine Avenue. Belzébuth me l'a montrée, une veuve potelée. Où est étalé le tapis rouge ?

BLOOM (S'approche de Stephen) – Voyons…

STEPHEN – Non, je me suis envolé. Laissant sous moi mes ennemis. Et il en sera toujours ainsi. Monde sans fin. (Il crie et ses serres de vautour se font plus acérées) Holà ! Heleho ![*]

Le soldat Carr, le soldat Compton et Cissy Caffrey passent sous les fenêtres et chantent, dissonant.

STEPHEN – Oyez ! Notre ami, ce bruit dans la rue !

ZOÉ (Lève la main) – Stop !

LE SOLDAT CARR, LE SOLDAT COMPTON et CISSY CAFFREY – Yet, i've a sort a Yorkshire relish for…

ZOÉ – C'est moi. (Elle tape dans ses mains) Dansons ! Dansons ! (Elle court au pianola) Qui donne deux pence ?
BLOOM – Qui est-ce qui ?

LYNCH (Tend les pièces à Zoé) – Ici.

[*] Ici C. G. passe de la p. 514 au bas de la p. 515.

STEPHEN (Fait craquer ses doigts d'impatience) – Vite ! Vite ! Où est ma baguette d'augure ? (Il court au piano, prend sa canne de frêne et bat du pied une danse de pontife)

ZOÉ (Tourne la manivelle) – Ça y est.

Elle met deux pièces dans la fente. Des lumières dorées, roses et violettes s'allument. Le cylindre tourne et ronronne une lente valse-hésitation.

ZOÉ (Pivote autour d'elle-même en frappant du talon) – Dansons ! Y a pas d'amateurs ? Qui est-ce qui danse ? (Le pianola dont les lumières alternent joue sur un temps de valse le début de My Girl's a Yorkshire Girl. Stephen lance sa canne de frêne sur la table et prend Zoé par la taille. Flora et Bella poussent la table vers la cheminée. Stephen qui exagère ses ronds de bras commence à valser avec Zoé autour de la pièce. La manche de Zoé, tombée des rondeurs de son bras, laisse voir une petite rosace blanchâtre de vaccin. Bloom se range. Le prélude est fini. L'air commence, martelé sur un rythme plus valsant. Stephen et Zoé tournent tout à leur aise. Les lumières se succèdent, luisent, s'éclipsent, dorées, roses, violettes.)

LE PIANOLA – Two young fellows were talking about their girls, girls, girls. Sweethearts they'd left behind...

Les heures du matin sortent en courant d'un coin, cheveux d'or, sveltes, vêtues de bleu céleste, tailles de guêpes et mains innocentes. Lestes elles dansent et font tourner leurs cordes à sauter. Les heures de l'après-midi viennent à leur tour en ambre doré. Rieuses qui font la chaîne, leurs grands peignes espagnols lancent des éclairs, elles lèvent les bras et captent le soleil dans des miroirs moqueurs. Les heures du matin et de l'après-midi valsent sans se mélanger, tournent, avancent l'une vers l'autre, se cambrent, saluent leur vis-à-vis. Derrière elles, les cavaliers, les bras arqués et suspendus au-dessus de leurs épaules, mains qui descendent jusqu'à les toucher, les effleurent et s'en retirent.

LES HEURES – Vous pouvez toucher mon...

LES CAVALIERS – Puis-je toucher votre ?

LES HEURES – Oh, mais légèrement !

LES CAVALIERS – Oh, si légèrement !

LE PIANOLA – My little shy little lass has a waist.

Zoé et Stephen tournent intrépides en se balançant moins. Les heures crépusculaires sortent des grandes ombres du paysage, s'avancent, en désordre, hésitantes, l'œil langoureux, les joues subtilement rehaussées de cipria et d'une faible roseur artificielle. Elles sont vêtues de gaze grise et leurs manches chauve-souris frémissent, sombres, à la brise de terre. Les heures nocturnes se glissent à la place vide. Les heures du matin, de l'après-midi et les heures crépusculaires reculent devant elles. Elles ont un loup, des poignards dans la chevelure et des bracelets de clochettes estompées. Lasses, elles courbettent sous leurs voiles.

LES BRACELETS – Aïho ! Aïho !

ZOÉ (Se tortille, la main à son front) – Oh !

Elles tracent de lasses arabesques, font tout un parterre de figures, le font, le défont, révérencent, ondulent, tourbillonnent simplement.

ZOÉ – La tête me tourne.

(Elle se dégage et se laisse tomber sur une chaise ; Stephen empoigne Flora et tourne avec elle.)

S'enlaçant, reculant, changeant de main, les heures nocturnes avec leurs bras en arceaux s'enchaînent en une mosaïque de mouvements.

LE PIANOLA – Best, best at all, Baraabum !

KITTY (Saute sur ses pieds) – Oh, c'est ça qu'ils jouaient sur les chevaux de bois à la kermesse Mirus !

(Elle court à Stephen. Il lâche brusquement Flora et empoigne Kitty.)

LE PIANOLA – My girl's a Yorkshire girl.

ZOÉ – Yorkshire through and through. Rassemblement !

(Elle prend Flora et valse avec elle.)

STEPHEN – Pas seul ! (Il envoie en tournant Kitty dans les bras de Lynch, attrape sa canne de frêne et mène la danse. Tous virevoltent, valsent et tourbillonnent.)

LE PIANOLA – Through she's a factory lass.
And wear no fancy clothes.

TUTTI – Encore ! Bis ! Bravo ! Encore !

STEPHEN – Danse de mort. (Les couples s'écartent. Stephen tourne pris de vertige. La pièce tourne en sens inverse. Les yeux fermés, il titube. Des rails rouges foncent dans l'espace. Des étoiles autour des soleils tournent autourdutour. Des moucherons lumineux dansent sur le mur. Il s'arrête court) Ho !

La mère de Stephen, émaciée et rigide, sort du plancher en robe gris lépreux, guirlandes de fleurs d'orangers fanées et voile de mariée déchiré ; sa face ravagée et qui n'a plus de nez est couverte de la moisissure verte de la tombe. Son cheveu est rare et plat. Elle fixe sur Stephen ses orbites creuses cerclées de bleu, elle ouvre sa bouche sans dents et articule un mot silencieux. Du haut d'une tour, Buck Mulligan, costume de bouffon mi-partie puce et jaune et cape de clown à grelot, la regarde bouche-bée ; la tranche beurrée d'un scone fendu fume dans sa main.

BUCK MULLIGAN – Elle a crevé. Quelle pitié ! Mulligan rencontre la mère douloureuse.

LA MÈRE (Avec le sourire subtil et dément de la mort) – J'ai été jadis la belle May Goulding. Je suis morte.

STEPHEN (Horrifié) – Lémure, qui êtes-vous ? Et quel est ce tour infernal ?

BUCK MULLIGAN (Secoue sa cape à grelots) – Ironie des choses ! Kinch a tué sa pauvre peau de chien de chienne de mère. Elle a passé l'arme à gauche. (Des larmes de beurre fondu tombent de ses yeux sur le scone) Notre mère douce et grande ! Epi oinopa ponton.

LA MÈRE (Se rapproche et souffle doucement sur lui son haleine de cendres mouillées) – Tous doivent y passer, Stephen. Sur la terre, il y a moins d'hommes que de femmes. Vous aussi. L'heure viendra.

STEPHEN (Suffocant d'horreur, de peur et de remords) – On prétend que je vous ai tuée, mère. Il a offensé votre mémoire. C'est le cancer, ce n'est pas moi. C'est le destin.

LA MÈRE (Un vert filet de bile coulant du coin de sa bouche) – Vous me chantiez cet air : love's bitter mystery.

STEPHEN (Ardemment) – Dites-moi le mot, mère, si vous le savez maintenant. Le mot que tous les hommes savent.

LA MÈRE – Qui vous a sauvé le soir où vous grimpiez dans le train à Dalkey avec Paddy Lee ? Qui avait pitié de vous quand vous étiez triste, au milieu d'étrangers ? La prière est toute puissante. Prière pour les âmes du Purgatoire dans le manuel des Ursulines, quarante jours d'indulgences. Repens-toi, Stephen.

STEPHEN – Vampire ! Hyène !

LA MÈRE – Je prie pour toi dans mon autre monde. Obtiens de Dilly qu'elle te fasse de ce riz à l'eau tous les soirs pour te remettre de ton travail de tête. Pendant des années, je vous ai aimé, mon fils, mon premier né, et quand je vous portais.

ZOÉ (Qui s'évente avec l'écran de la cheminée) – Je me sens fondre !

FLORA (Désigne Stephen) – Regarde ! Il est tout blanc.

BLOOM (Va vers la fenêtre pour l'ouvrir davantage) – Étourdissement.

LA MÈRE (Avec des yeux qui brasillent) – Repens-toi ! Oh, le feu de l'enfer !

STEPHEN (Haletant) – La mâcheuse de cadavres ! Tête crue, os sanglants !

LA MÈRE (Dont la figure se rapproche de plus en plus, exhalant un souffle de cendres) – Prends garde. (Elle dresse son bras droit, noir et racorni, lentement vers la poitrine de Stephen en écartant les doigts) Prends garde ! La main de Dieu.

STEPHEN (Étranglé de rage) – Merde ! (Ses traits s'altèrent et vieillissent terreux)

BLOOM (À la fenêtre) – Quoi ?

STEPHEN – Ah, non par exemple ! Délire de l'esprit ! Avec moi c'est tout ou rien ! Non serviam !

FLORA – Faudrait lui donner de l'eau fraîche. Attendez. (Elle sort en courant)

LA MÈRE (Se tord lentement les mains avec des gémissements de désespérée) – Ô Sacré Cœur de Jésus, ayez pitié de lui ! Sauvez-le de l'enfer, Ô divin Sacré Cœur !

STEPHEN : Non ! Non ! Non ! Essayez de me dompter tous tant que vous êtes ! C'est moi qui vous mettrai au pas !

LA MÈRE (Dans les râles de son agonie) – Seigneur, par égard pour moi, ayez pitié de Stephen ! Indicible était mon angoisse tandis que j'expirais d'amour, de douleur et de détresse sur le Calvaire.

STEPHEN – Nothung !

(Il brandit sa canne à deux mains et fracasse le chandelier.)

BLOOM – Arrêtez !

LYNCH (Se précipite et saisit la main de Stephen) – Là ! Arrête ! Tu ne vas pas nous faire une crise de folie furieuse !

BELLA – Police !

(Stephen lâche sa canne et la tête et les bras raidis en arrière, il trépigne, se lance hors de la pièce et passe la porte en rasant les filles.)

BELLA (Hurle) – Après lui !

(Les deux filles se précipitent aux portes de l'antichambre. Lynch, Kitty et Zoé se ruent hors de la chambre. Ils parlent très excités. Bloom suit, revient.)

LES FILLES (Tassées dans l'embrasure de la porte d'entrée, elles indiquent) – Par là-bas !

ZOÉ (Précisant) – Là. Il se passe quelque chose.

BELLA – Qui est-ce qui paie pour la lampe ? (Elle saisit un pan du veston de Bloom.) Vous là. Vous étiez avec lui. La lampe est cassée.

BLOOM (Court vers le vestibule, revient en courant) – Quelle lampe, madame ?

UNE FILLE – Il a déchiré son veston.

BELLA (Montre avec des yeux durs de colère et d'avidité) – Qui est-ce qui va payer pour ça ? Dix shillings. Vous êtes témoin.

BLOOM (Ramasse précipitamment la canne de Stephen) – Moi ? Dix shillings ? Vous ne lui en avez pas encore assez soutiré ? Est-ce qu'il... ?

BELLA (Très haut) – Ici, pas de vos grandes phrases. C'est pas un bordel. Une maison à dix shillings.

BLOOM (La main sous la lampe, tire la chaîne. Sur quoi le bec éclaire un abat-jour mauve pourpré tout aplati. Il lève la canne) – Il n'y a que le verre de cassé. Voilà tout ce qu'il...

BELLA (Qui recule et qui hurle) – Jésus ! Faites pas ça !

BLOOM (Fait le geste de parer un coup) – C'est pour vous montrer comment il a tapé sur le papier. Il n'y en a même pas pour six pence de dégâts. Dix shillings !

FLORA (Portant un verre d'eau, entre) – Où est-il ?

BELLA – Vous voulez que j'appelle la police ?

BLOOM – Oui, je sais. Le chien de garde est à son poste. Mais c'est un étudiant de Trinity. Les meilleurs clients de votre établissement. (Il fait un geste maçonnique) Vous voyez ce que je veux dire ? Le neveu du vice-chancelier. Vous ne voulez pas de scandale.

BELLA (En colère) – Trinity ! Ils arrivent ici pour foutre le bordel après leurs régates et ils ne crachent pas un rond. C'est peut-être vous qui allez faire la loi ici ? Où est-ce qu'il est ? Je le dénoncerai. Je le déshonorerai. Il verra. (Elle crie) Zoé ! Zoé !

BLOOM (Pressant) – Et si c'était notre propre fils à Oxford ? (Avertisseur) Je sais tout.

BELLA (Sidérée) – Qui êtes-vous ?

ZOÉ (De la porte) – Ça chauffe là-bas !

BLOOM – Quoi ? Où ça ? (Il jette un shilling sur la table et crie) Voilà pour le verre. J'ai besoin d'un bol d'air.

# TROISIÈME PARTIE

(Il traverse l'antichambre à toutes jambes. Les filles indiquent d'un geste. Flora le suit, répandant l'eau du gobelet qu'elle tient de travers. Groupées à la porte les filles font aller leurs langues et se montrent un point vers la droite où le brouillard s'est levé. Par la gauche arrive un cabriolet de louage tout cliquetant. Il ralentit à hauteur de la maison.* Bloom au tournant de Castor Street, sous l'échafaudage, s'arrête haletant, à deux doigts de l'attroupement où on s'attrape à grand tapage, un tas qui ne sait pas un iota de ce hi ! hi ! chambard-pétard autour de quiquoi gueulentousensemble.)

STEPHEN (Avec des gestes précieux, et respirant à fond, posément) – Vous êtes mes hôtes. Les non-invités. En vertu du cinquième des Georges et du septième des Edouards. L'histoire est à blâmer. Forgée par les mères de Mémoire.

LE SOLDAT CARR (À Cissy Caffrey) – Il vous insultait ?

STEPHEN – Je me suis adressé à elle au vocatif féminin. Probablement neutre. Cas non génitif.

DES VOIX – Non, pas vrai. La fille ment. Il était chez madame Cohen. Qu'est-ce qui se passe ? Des soldats et des civils.

* Ici C. G. passe du bas de la p. 522 à la p. 524.

CISSY CAFFREY – J'étais en compagnie avec les soldats et ils m'ont laissée pour aller-vous savez, et le jeune homme il a couru après moi. Mais moi je suis fidèle à l'homme qui est en train de m'offrir quelque chose, bien que je ne soye qu'une putain à vingt ronds.

STEPHEN (Aperçoit les têtes de Kitty et de Lynch) – Salut Sisyphe. (Il se désigne et désigne les autres) Poétique. Néopoétique.

LE SOLDAT COMPTON – Il a pas volé qu'on lui tamponne la gueule, le salaud. Fous-lui une bonne baffe, Harry.

LE SOLDAT CARR (À Cissy) – C'est-y qu'il vous insultait pendant que moi et lui on pissait ?

LE SOLDAT COMPTON – Fous-lui une baffe, Harry.

STEPHEN (Au soldat Compton) – Je ne sais pas votre nom mais vous êtes absolument dans le vrai. Le docteur Swift dit qu'un homme en cuirasse vient à bout de dix hommes en chemise. Chemise est une synecdoque. La partie pour le tout.

LE SOLDAT CARR (Son polo de travers, avance sur Stephen) – Dites voir là, le fils à papa, quoi c'est que tu dirais si je te foutais sur la gueule ?

STEPHEN (Regarde le ciel) – Quoi c'est ? Très désagréable. Le bel art de se pourfendre soi-même. Personnellement je déteste l'action. (Il agite la main) Main me fait un peu mal. Enfin ce sont vos oignons. (À Cissy Caffrey) Il y a quelque chose qui ne va pas ici. Qu'est-ce que c'est au juste ?

BLOOM (Jouant des coudes dans la foule, tire la manche de Stephen) – Allons, en route. Professeur, le cocher attend.

STEPHEN (Se tourne) – Eh ? (Il se dégage) Pourquoi ne lui parlerais-je pas, à lui ou à tout autre être humain qui parcourt sur deux pieds cette orange aplatie ? (Il allonge un doigt) Je n'ai pas peur d'à quoi je peux parler si je vois son œil. Garder la perpendiculaire. (Il recule d'un pas en vacillant)

BLOOM (Qui le soutient) – Gardez plutôt la vôtre.

STEPHEN (Rire creux) – Mon centre de gravité est déplacé. J'ai oublié le truc. Asseyons-nous quelque part et discutons. La lutte pour la vie est la loi de l'existence mais de modernes philirénistes, notamment le tsar et le roi d'Angleterre, ont inventé l'arbitrage. (Il se frappe le front) Mais il est écrit là-dedans que je dois tuer le prêtre et le roi.

BIDDY THE CLAP – Avez-vous entendu ce qu'il dit le professeur ? C'est un professeur de Trinity.

CUNTY KATE – Certainement. Je l'ai entendu.

BIDDY THE CLAP – Il s'exprime en termes extrêmement choisis.

CUNTY KATE – Vraiment oui. Et tout à la fois sous une forme incisive et appropriée.

LE SOLDAT CARR (Se débarrasse de ceux qui le retiennent et avance) – Qu'est-ce que vous êtes en train de dire sur mon roi ? (À Stephen) Répète-le voir.

STEPHEN (Nerveux, amical, se contenant) – Je comprends votre point de vue bien que pour l'instant je n'aie pas de roi. Cette époque est celle des spécialistes pharmaceutiques. Une discussion en cet endroit est difficile. Mais venons-en au fait. Vous mourrez pour votre patrie je suppose. (Il met le bras contre la manche du Soldat Carr) Ce n'est pas que je le désire pour vous. Mais moi je dis : que ma patrie meure pour moi. Jusqu'à présent c'est ce qu'elle a fait. Je ne désire pas qu'elle meure. Merde pour la mort. Vive la vie !

LE SOLDAT COMPTON – Eh, Harry, fous-lui un coup de pied dans les couilles. Botte-lui le foiron.

BLOOM (Doucement aux soldats) – Il ne sait pas ce qu'il dit. Il a bu plus que de raison. De l'absinthe, le monstre aux yeux verts. Je le connais. C'est un gentleman, un poète. Il ne faut pas faire attention…

STEPHEN (Acquiesce, sourit, se met à rire) – Gentleman, patriote, lettré et juge des imposteurs.

LE SOLDAT CARR – Je m'en contrefous de ce qu'il est.

LE SOLDAT COMPTON – On s'en contrefout de ce qu'il est.

STEPHEN – Il me semble que je ne leur reviens pas. Chiffon vert devant un taureau.

BLOOM (À Stephen) – Il faut rentrer. Vous allez avoir des ennuis.

STEPHEN (Qui tangue) – Je ne les évite pas. Ils provoquent mon intelligence.

LE SOLDAT CARR – C'est pas tout ça. Quoi c'est que vous disiez à propos de mon roi ?

STEPHEN (Lève les bras au ciel) – Oh, ceci devient tellement monotone ! Rien. Il réclame mon argent et ma vie, pour quelque empire grossier et bien que je sois son maître. De l'argent, je n'en ai pas. (Il fouille vaguement dans ses poches) Je l'ai donné à quelqu'un.

LE SOLDAT CARR – Qui c'est qui vous demande votre foutu pognon ?

STEPHEN (Essaie de se mettre en mouvement) – Quelqu'un voudrait-il me dire où j'ai le moins de chances de rencontrer ces maux nécessaires ? Ça se voit aussi à Paris. Non, que je... Mais par saint Patrick !

CISSY CAFFREY (Voix perçante) – Empêchez-les de se battre !

UN VOYOU – Nos soldats se sont repliés.

LE SOLDAT CARR – Je tordrai le cou au premier connard qui dira un mot contre mon putain de roi.

BLOOM (Terrifié) – Il n'a rien dit. Pas un mot. Un simple malentendu.

LE SOLDAT COMPTON – Vas-y Harry. En plein dans l'œil. Il est pour les Boers.

STEPHEN – Vraiment ? Depuis quand ?

BLOOM (Aux tuniques rouges) – Nous nous sommes battus pour vous dans l'Afrique du Sud, les troupes de choc irlandaises. Est-ce que ce n'est pas historique ? Le Royal Dublin. Distinguées par notre souverain.

LE TERRASSIER (Passe en titubant) – Ya, ya. Vingt dieux ! Fais la gguerre ta gggueule ! Boum-boum !

LE SOLDAT CARR – J'aurai sa peau.

LE SOLDAT COMPTON (Fait reculer la foule) – Franc jeu, ici. Débite-lui sa viande en tranches à cet enculé.

(Massées, des musiques barrissent Guaryogrin et God Save the King.)

CISSY CAFFREY – Ils vont se battre. Pour moi !

MONICHE – La bravoure et la beauté.

BIDDY THE CLAP – M'est avis que cestuy chevalier à la sombre armure sera parmi les meilleurs de la joute.

CUNTY KATE (Vive rougeur) – Nenni, madame. À moi le pourpoint de gueules et le joyeux Saint Georges !

STEPHEN – The harlot's cry from street to street
Shall weawe old Ireland's windingsheet.

LE SOLDAT CARR (Desserrant son ceinturon, braille) – Je tordrai le cou au premier enculé de bâtard qui dira un mot contre mon putain d'enculé de roi.

BLOOM (Secoue les épaules de Cissy Caffrey) – Parlez, vous ! Êtes-vous frappée de mutisme ? Vous êtes le lien entre les nations et les générations. Parle, femme, source sacrée de la vie !

STEPHEN (En extase, à Cissy Caffrey) – White thy fambles, red thy gan
And thy quarrons dainty is.

DES VOIX – Au secours !

VOIX LOINTAINES – Dublin brûle ! Dublin brûle ! Ça brûle ! Ça brûle !

Jaillissement de flammes sulfureuses. Des nuages épais déferlent. De lourds canons-revolvers tonnent. Pandemonium. Les troupes se déploient. Galop des sabots. Artillerie. Commandements rauques. Les cloches retentissent. Les parieurs braillent, les ivrognes vocifèrent. Les putains ululent. Clameurs des braves. Hurlements des mourants. Des piques heurtent des cuirasses. Des pillards détroussent des cadavres. Des oiseaux de proie s'envolent de la mer, s'élèvent des marécages, fondent du haut de leurs aires, planent en piaulant, oies de Bassan, cormorans, vautours, coqs de bruyère qui huchent, faucons pérégrins, émerillons, tétras noirs, aigles de mer, mouettes, albatros, oies barnacles. Le soleil de minuit est obscurci. La terre tremble.

LE SOLDAT CARR (Articule férocement) – Je vais me le faire, enculé de Christ ! Je lui tordrai son bâtard de putain d'enculeur de baiseur d'enculé de gosier !

BLOOM (Court à Lynch) – Vous ne pourriez pas l'emmener ?

LYNCH – Il aime la dialectique, la langue universelle. Kitty ! (À Bloom) Emmenez-le, vous. Il ne m'écouterait pas. (Il entraîne Kitty.)

STEPHEN (Le montrant) – Exit Judas. Et laqueo se suspendit.

CISSY CAFFREY (tire le soldat Carr) – Viens donc, t'es saoul. Il m'a insultée mais je lui en veux pas. (Elle lui crie dans l'oreille) Je lui en veux pas qu'il m'a insultée.

BLOOM (Par-dessus l'épaule de Stephen) – Oui, partez. Vous voyez bien qu'il n'est pas en état.

LE SOLDAT CARR (Se dégage brusquement) – Je te vais l'insulter, moi.

(Il s'élance vers Stephen les poings en avant et le frappe en pleine figure. Stephen vacille, s'affaisse, tombe étourdi. Il reste à plat, face au ciel, son chapeau roule dans la direction du mur. Bloom le suit et le ramasse.)

LA FOULE – Relevez-le. Ne le frappez pas tant qu'il est à terre ! De l'air ! Qui ? Le soldat l'a cogné. C'est un professeur. Est-ce qu'il est abîmé ? Ne le maltraitez pas ! Il s'est évanoui ! Quel droit il avait le militaire de taper le gentleman, et sous l'effet de la boisson encore ? Ils feraient mieux d'aller se battre contre les Boers !

LA MAQUERELLE – Non mais de quoi elle se mêle ! Le soldat il a pas le droit de se promener avec sa bonne amie ? L'autre l'a pris en traître.

(Elles se prennent par les cheveux, se griffent et crachent.)

BLOOM (Les repousse et crie) – En arrière, restez en arrière !

LE SOLDAT COMPTON (Tirant son camarade) – Allez, foutons le camp, Harry. V'la les flics !

(Deux géants de sergents de ville en pèlerine s'arrêtent dans le groupe.)

PREMIER SERGENT DE VILLE – Qu'est-ce qui se passe ici ?

LE SOLDAT COMPTON – Nous étions avec cette dame et il nous a insultés et il a sauté sur mon copain.

CISSY CAFFREY (Avec avidité) – Est-ce qu'il saigne ?

UN HOMME (Qui était à genoux, se relève) – Non. Il a perdu connaissance. Il va revenir.

BLOOM (Coup d'œil méfiant sur l'homme) – Laissez-moi faire. Je m'en charge…

DEUXIÈME SERGENT DE VILLE – Qui êtes-vous ? Vous le connaissez ?

LE SOLDAT CARR (Qui fait une embardée du côté du sergent) – Il a insulté ma demoiselle.

BLOOM (Irrité) – Vous l'avez frappé sans provocation. Je suis témoin. Prenez donc son matricule, monsieur l'agent.

DEUXIÈME SERGENT DE VILLE – Je n'ai pas besoin de vous pour m'apprendre mon métier.

LE SOLDAT COMPTON (Tirant son camarade) – Allez, foutons le camp, Harry. Ou Bennett te collera au mitard.

LE SOLDAT CARR – Que le bon dieu l'encule au vieux Bennett. C'est un trou du cul d'enculé. Je lui chie dessus.

PREMIER SERGENT DE VILLE (Sortant son carnet) – Son nom ?

BLOOM (Regarde par-dessus les têtes) – Je vois justement une voiture par là. Si vous voulez bien me donner un coup de main, une minute, monsieur l'agent.

PREMIER SERGENT DE VILLE – Nom et adresse.

(Corny Kelleher, crêpe au chapeau, couronne mortuaire à la main, apparaît parmi les curieux.)

BLOOM (Vivement) – L'homme de la situation ! (Il chuchote) Le fils de Simon Dedalus. Un peu parti. Tâchez que ces agents fassent circuler tous ces badauds.

SECOND SERGENT DE VILLE – Bonsoir, Monsieur Kelleher.

CORNY KELLEHER (À l'agent, le regard traînant) – Ça va. Je le connais. Il a fait un petit bénef aux courses. La Coupe d'Or. Prospectus. (Il rit) Vingt contre un. Vous me suivez ?

Premier sergent de ville (Se tourne vers la foule) – Allons, qu'est-ce que vous attendez là, vous autres ? Circulez. (La foule se disperse lentement, en maugréant, par la ruelle)

Corny Kelleher – Fiez-vous à moi, sergent, ça ira tout seul. (Il rit en secouant la tête) On sait ce que c'est, pas vrai, ça nous est arrivé d'en faire autant et même pire. Quoi ? Hein, quoi ?

Premier sergent de ville (Il rit) – Peut-être bien que oui.

Corny Kelleher (Pousse du coude le second agent) – Venez et passons l'éponge. (Il chantonne en balançant la tête) Avec mon tooraloom, tooraloom, tooraloom, tooraloom. Quoi, hein, vous me suivez ?

Second sergent de ville (Nature) – Pour sûr qu'on s'en est donné.

Corny Kelleher (Clignant de l'œil) – La jeunesse c'est la jeunesse. J'ai une voiture, là-bas.

Second sergent de ville – Très bien, Monsieur Kelleher. Bonne nuit.

Corny Kelleher – Pour ça, comptez sur moi.

Bloom (Serre la main d'un agent puis de l'autre) – Merci beaucoup, messieurs, merci. (Il marmonne, confidentiel) Il ne faut pas de scandale, vous comprenez. Le père est un homme en vue que tout le monde respecte. On jette un peu sa gourme, vous comprenez ?

Premier sergent de ville – Oh, je comprends, monsieur.

Second sergent de ville – Ça va bien, monsieur.

Premier sergent de ville – C'est seulement en cas de coups et blessures, j'aurais dû faire mon rapport au commissariat.

Bloom (Opine vivement) – Bien entendu. Tout ce qu'il y a de plus juste. Le devoir professionnel.

Second sergent de ville – Le règlement.

CORNY KELLEHER – Bonne nuit, messieurs.

LES SERGENTS DE VILLE (Saluent ensemble) – Soir, messieurs. (Ils s'éloignent lentement, l'allure lourde.)

BLOOM (Il souffle) – Votre entrée en scène est providentielle. Vous avez une voiture ?

CORNY KELLEHER (Rit, et montre du pouce par-dessus son épaule droite la voiture arrivée au ras de l'échafaudage) – Deux commis-voyageurs qui nous ont payé le champagne chez Jammet. De véritables princes. Un des deux a perdu deux louis aux courses. Il noyait son chagrin et ils allaient faire un tour chez ces demoiselles. Ça fait que je les ai chargés sur la voiture de Behan et je les ai débarqués dans le quartier des bordels.

BLOOM – Je rentrais chez moi par Gardiner Street quand je suis tombé sur...

CORNY KELLEHER (Rit) – Naturellement, ils tenaient à ce que j'en sois, avec les gonzesses. Non, par dieu, que je leur ai dit. Ce n'est plus l'affaire de deux vieux de la vieille comme vous et moi. (Il recommence à rire et le guigne d'un œil voilé) Dieu merci on a ce qu'il faut à la maison, quoi, hein, vous me suivez ? Ha ! Ha ! Ha !

BLOOM (Essaie de rire) – Hi ! Hi ! Hi ! Oui. Le fait est que je sortais de chez un vieil ami qui habite par ici, Virag, vous ne le connaissez pas (Pauvre diable il est alité depuis la semaine dernière) et nous avons pris un petit verre ensemble et comme je rentrais à la maison...

CORNY KELLEHER – La vérité c'est que c'est Behan, notre cocher que voilà, qui m'a dit ça en sortant de déposer les deux commis-voyageurs chez Madame Cohen et je lui ai dit d'arrêter et je suis descendu voir. (Il rit) Cochers de corbillards sobres, ma spécialité. Voulez-vous que je le mette chez lui ? Où perche-t-il ? Quelque part dans Cabra, hein ?

(Stephen à plat respire face aux étoiles. L'œil traînard de Corny Kelleher louche du côté du cheval. Bloom ténébreux profilé baisse son regard.)

CORNY KELLEHER (Se gratte la nuque) – Sandycove ! (Il se penche sur Stephen et l'appelle) Eh ! (Il recommence) Eh ! En tout cas il est couvert de copeaux. Prenez garde qu'on ne lui ait rien pris.

BLOOM – Non, non, non. J'ai son argent, son chapeau et sa canne avec moi.

CORNY KELLEHER – Ah, bon, il s'en tirera alors. Rien de cassé. Bon, je vais me rentrer. (Il rit) J'ai un rendez-vous dans la matinée. Enterre un mort. Rentrez bien.

BLOOM – Bonne nuit. Je vais attendre un peu et l'emmener dans quelques…

(Corny Kelleher s'en retourne à la voiture et monte. Le cheval fait cliqueter ses harnais.)

CORNY KELLEHER (Debout dans la voiture) – Soir.

BLOOM – Soir.

(Le cocher secoue les guides et lève un fouet stimulant. Voiture et cheval reculent lentement, laborieusement, et tournent. Bloom qui garde à la main le chapeau de Stephen festonné de copeaux et sa canne de frêne reste debout indécis. Enfin, il se penche sur lui et lui secoue l'épaule.)

BLOOM – Hé ! Ho ! (Pas de réponse ; il se penche encore) Monsieur Dedalus ! (Pas de réponse) L'appeler par le petit nom. Somnambule. (Il se penche de nouveau et avec hésitation approche de l'oreille de l'évanoui) Stephen ! (Pas de réponse, il recommence à appeler) Stephen !

STEPHEN (Gémit) – Qui ? Panthère noire vampire. (Il soupire et s'étire et murmure d'une voix étouffée en traînant sur les voyelles)

Qui… conduit… Fergus maintenant,
Et perce… l'ombre que le bois tisse ?…

(Il soupire et se tourne sur le côté gauche, en chien de fusil.)

BLOOM – De la poésie. Un homme bien élevé. Dommage. (Il se penche encore et défait les boutons du gilet de Stephen) Qu'il respire. (Il enlève, avec ses mains et ses doigts, agilement, les copeaux attachés aux vêtements de Stephen) Une livre sept. Pas blessé en tout cas. (Il prête l'oreille) Qu'est-ce que… ?

STEPHEN (Murmure) –
… Ombres… les bois…
…Blanche poitrine… obscur…

(Il étend les bras, soupire encore, se replie sur lui-même. Bloom, tenant le chapeau de Stephen et sa canne de frêne, se relève. Au loin aboiements d'un chien. La main de Bloom, sur la canne de frêne, serre et desserre tour à tour son étreinte. Il abaisse ses regards sur le corps et la figure de Stephen.)

BLOOM (En conversation avec la nuit) – Son visage me rappelle sa pauvre mère. Dans les bois ombreux. La profonde poitrine blanche. Il me semble avoir saisi, Ferguson. Une jeune fille. Ce qui pourrait lui arriver de mieux. (Il murmure.) …Jure de toujours reconnaître, de toujours garder, de ne jamais révéler, aucune part ou parts, aucun art ou arts… (Il murmure.) … Dans les sables inégaux de la mer, à une encablure du rivage… où la marée reflue… et monte…

En silence, pensif, vigilant, il se tient en garde, les doigts sur les lèvres, dans l'attitude de maître du secret. Contre le mur sombre, une figure, lentement, apparaît, un enfant de onze ans, jeune prince enlevé par les fées, en tenue d'Eton, avec des souliers de cristal, un petit casque de bronze, et qui tient dans sa main un livre ouvert. Il lit de droite à gauche à la muette, souriant, et baise la page.

BLOOM (Émerveillé, l'appelle à la muette) – Rudy !

RUDY (Rencontre sans le voir les yeux de Bloom et continue à lire, à embrasser, à sourire. Il a une délicate figure mauve. À son vêtement des boutons de diamants et de rubis. De sa main gauche, il tient une mince canne d'ivoire avec nœud de ruban violet. Un agneau blanc montre le bout de son museau par la poche de son gilet.)

# NIGHTTOWN

*Cahier photos*

LECTURE MISE EN ESPACE DE NIGHTTOWN
À LA VILLA TAMARIS (LA SEYNE), LE 11 MARS 1995.

AVEC : Frédéric Andrau, François Marthouret, Ivan Mathis, Jeanne Mathis, Valérie Marinese, Alexandre Buresi, Cyril Grosse, Laurent Chouteau, Christian Mazzuchini.

PHOTOS : Élian Bacchini.

Esso

LECTURE MISE EN ESPACE DE NIGHTTOWN
À CHÂTEAUVALLON, LE 19 OCTOBRE 1996.

AVEC : Frédéric Andrau, Alexandre Buresi, Laurent Chouteau, Monique Brun, Pierre Palmi, Heni Varga, Victor Ponomarev, Jeanne Mathis, Christian Mazzuchini, François Marthouret, Cyril Grosse, Valérie Marinese, Bernard Meulien.

PHOTOS : Élian Bacchini.

# CYRIL

Une rencontre miraculeuse avec un jeune homme que j'aurais aimé être aussi, sans doute.

Notre passion amicale est née autour d'un monde phénoménal, géant, d'une littérature embrassant la vie, riche d'imaginaire, de liberté et de vérité, le monde de l'*Ulysse* de Joyce.

La fraternité complice qui nous liait avec une gourmandise quasi épicurienne, cette fraternité, malgré ou grâce au décalage de nos expériences, m'a toujours nourri d'intelligence, de curiosité têtue et généreuse, de connaissance joyeuse et grave, débarrassée des scories des modes, nourri de modestie et d'ambition, de rêves et de rires.

Cyril, mon jeune frère, comme un ardent chevalier de la pensée et de la poésie, créateur et citoyen, conquérant, inventeur, aventurier de sa vie et de la nôtre.

François Marthouret,
avril 2005.

# NIGHTTOWN,
# HISTOIRE D'UN CHAPITRE OUBLIÉ

Le rideau tombe, les premiers feux sont allumés dans une effervescence comique, James Augustine Joyce se met à rédiger – un lumineux jour de printemps – le chapitre douze de la deuxième partie d'*Ulysse.* Pense-t-il à cette révolution copernicienne qui ne touchera jamais – de son vivant – le petit monde des entrées prévisibles et des sorties prévues ? Il y avait une petite fois, et c'était une belle fois, un écrivain qui composait un chapitre. Il était une fois l'histoire de ce chapitre.

***

Joyce n'était pas étranger au théâtre. Toute sa vie est marquée par une réflexion à son sujet. En 1900 – il entre dans sa dix-huitième année –, il prononce devant la Société Littéraire et Historique de l'University College, une conférence intitulée *Le Drame et la Vie*. Admirateur d'Ibsen, il prend sa défense et expose quelques thèmes essentiels de son œuvre future : *Pourtant je pense*, écrit-il, *que l'on doit pouvoir tirer de l'existence la plus monotone des éléments dramatiques. L'homme le plus ordinaire peut jouer un rôle dans un drame poignant.* La même année, il compose *Une brillante carrière,* pièce au titre délicieusement ironique, a posteriori. Entre sa vocation de prêtre, et des études avortées de médecine, il se confectionne un habit shakespearien d'auteur-acteur. Il rédige deux traductions, et fait la cour à un milieu que son charme désuct et hautain laisse insensible; le pseudonyme Gordon Browne deviendra – pour quelque temps – Stephen Daedalus, et il troque le pourpre élisabethain pour une simple veste d'étudiant. Mais son *Carnet de Paris* (1903) aligne toujours notes et réflexions sur les conditions de l'art, la tragédie et la comédie. Enfin – si l'on fait un petit bond, en oubliant au passage sa pièce *Les Exilés* (1914-1915) – Shakespeare est une des figures centrales d'*Ulysse* (la scène de la bibliothèque où Dedalus expose ses théories – aussi délirantes que sensées et parodiques – n'est qu'un exemple type ; tout le livre, au travers de Dedalus, mais aussi de Bloom, est gravé de ces deux initiales : W. S.)

*...La progression du livre est, en fait, comme celle d'un décapage. Dès que j'y cite ou inclus un personnage, j'ai déjà en esprit sa mort ou son départ ou son infortune, et chaque épisode qui traite d'une région de la province artistique (rhétorique ou musique ou dialectique) laisse derrière lui un champ brûlé* écrivait Joyce à propos de *Finnegans Wake.* Si l'on pense que cette remarque s'applique également à *Ulysse*, il se pourrait que Shakespeare soit, dans la combinaison, un chiffre magique.

Ce n'est donc pas par hasard (sous le coup d'une inspiration géniale et subite) que Joyce choisit de donner au douzième chapitre (douzième coup de minuit dans un quartier des bordels) de la deuxième partie d'*Ulysse*, une forme dramatique. Mais lorsque ses commentateurs (munis de loupes, de scalpels et de tout un appareillage linguistique et psychanalytique) se mirent à disséquer son œuvre, ils oublièrent le chapitre ; et il en fut de même des dramaturges et des metteurs en scène. Le chapitre passait inaperçu ; on lui préférait (peut-être à cause de son soi-disant féminisme) le monologue de Molly Bloom qui clôt *Ulysse*. Face à la gloire d'un Beckett (par exemple) les quelques tentatives isolées de rattrapage – en Irlande, à New York et même en France – font penser que Joyce, en tant qu'écrivain de théâtre n'a pas trouvé son public. Est-ce parce qu'il n'a écrit que deux pièces ? Est-ce parce qu'*Ulysse* est un roman, et que, par conséquent (dit le sage) le chapitre douze n'est pas une pièce ? La petite bombe à retardement placée au cœur du livre me fait plutôt penser qu'il n'a pas été ouvert ; elle aurait explosé.

Si Shakespeare est un des bronzes que Joyce aimait à fondre dans *Ulysse*, une des inspirations (le mot déjà s'efface et la ligne reste blanche) de ce chapitre douze pourrait être *Le songe d'une nuit d'été* et ses forces magiques. Mais l'on reconnaît aussi facilement les autres bronzes et, dans les fissures de Mabbot Street, les ors ternis. Quelques pièces enlevées au baroque espagnol. Le *Faust* de Goethe (1780-1831) et surtout une dette implicite à *La Tentation de saint Antoine* de Flaubert, écrit une cinquantaine d'années auparavant. Et le succès de cet autre chapitre n'a pas été plus grand ; alors pour ne pas faire durer la farce, esquissons d'abord simplement (là encore la page reste blanche, mais pour d'autres raisons).

S'il peut y avoir une histoire de ce chapitre oublié, il se pourrait aussi qu'il ait une généalogie. Un récit assez sommaire dans sa trame. Quelques écrivains, quelques poètes (et un ou deux dramaturges – un Allemand du nom de Christian Dietrich Grabbe – tombés là presque par hasard) tentent – séparément – de créer, pour le théâtre, d'autres structures. L'histoire du Théâtre – se disent-ils peut-être – est linéaire dans sa forme : le dialogue (et ses reflets, monologues, etc.) considéré comme la carte maîtresse, essentielle et immuable. Ils passent le théâtre au crible du roman et – pour certains – du cinéma, refusent la notion de *genre* ; mais leurs feuilles s'envolent et la petite tribu des saltimbanques – force statique dotée d'une étrange volonté commune – reste insensible à leurs charmes. Les romanciers resteront romanciers, les actes (sous leurs oripeaux contemporains) des actes. Les feux – cercles rouges, jaunes et verts – montent en cadence, le rideau tombe toujours, le décor va être installé.

***

Notre quartier des bordels s'illumine. Il est entre onze heures et minuit, et c'est maintenant comme un quartier d'Espagne. Présence amicale et triste – constante tout au long du livre – de mendiants et d'idiots, de chiens, de vieux, de vieilles et d'estropiés. Et comme les lieux, comme les personnages, la situation est des plus ordinaire. Bloom s'inquiète pour Dedalus et le suit jusqu'au bordel. Lorsqu'ils en sortent, Delalus se fait casser la gueule ; Bloom s'en occupe et en quelque sorte le veille. Le chapitre douze de la deuxième partie d'*Ulysse* pourrait se résumer à ça, comme si Joyce avait voulu – le temps d'un chapitre et d'un livre de sept cents pages – mettre en œuvre ses théories d'adolescent : existence monotone, l'homme le plus ordinaire pour un drame poignant.

Poignant parce que Bloom – le Juif errant, exilé dans sa propre ville – a perdu dix ans auparavant son fils Rudy, âgé de onze jours ; parce qu'il ressent pour Stephen une tendresse maladroite et paternelle ; parce qu'il a passé la journée dehors, à éviter de surprendre sa femme – Marion Tweedy – dans les bras d'un dénommé Boylan, impresario vulgaire ; parce qu'il attend de Stephen Delalus qu'il remplace Boylan ; il est jeune et cultivé et il pourrait, se dit Bloom, entre autres choses, donner à Marion des cours d'italien.

Drama and Life. Autour de Bloom, de Dedalus et de Marion, l'élément artistique du livre. Si dans *Ulysse*, Joyce examine les provinces de la rhétorique, de la musique, de la dialectique, s'il laisse derrière lui des champs brûlés, s'il joue avec les styles et s'il fond au passage quelques bronzes et ors, il développe aussi – c'est-à-dire en même temps – quelques thèmes de son adolescence et de sa vie. Exil intérieur autant qu'extérieur, murmure-t-il peut-être, intime et charnel, thème du Drame et de la Vie.

La première contradiction – apparente – de ce chapitre douze est, que pour une œuvre aussi éloignée des canons du *genre dramatique*, Joyce use du dialogue en orfèvre. Chaque personnage qui entre sur la scène de son imagination, parle une langue particulière et précise. Joyce – comme Shakespeare – sait incarner directement – c'est-à-dire dans sa langue – ses personnages ; comme le meilleur des dramaturges, il connaît et maîtrise le vocabulaire et les tournures syntaxiques de chaque corps de métier, classe sociale ou caractère qu'il va représenter. L'avocat O'Molloy (un de ces noms encore étrangement ironique a posteriori) plaide, non pas tel que Joyce rêve que l'avocat O'Molloy plaiderait, mais tel qu'un avocat du type d'O'Molloy (qui n'a jamais existé que dans l'imagination d'un ou deux écrivains irlandais) plaidait au début des années vingt.

Ainsi, pour s'attaquer à l'une des provinces de la culture artistique dont il sait – pour avoir testé ses charmes de jeune homme à son indifférence polie – combien elle lui résistera – et elle lui résiste encore – Joyce (usant d'une image malvenue) protège ses arrières. D'une part, il reste fidèle – en apparence tout au moins – au théâtre qu'il a défendu, à Ibsen, à Hauptmann. Situation contemporaine – il ne pouvait, de toute manière, pas en être autrement – et ordinaire – Joyce poussant son amour, théorique, du drame jusqu'à placer l'ordinaire dans un bordel –. D'autre part, il ne s'attaque pas à la langue du théâtre, usant des armes mêmes de ceux qu'il attaque. Il dialogue (reste à savoir sous quelle forme) et joue, comme Shakespeare, de la diversité de ses personnages, mêle le plus trivial (les putes) à des concepts tirés de ses *Carnets de Paris et de Pola* : Dedalus disserte de saint Thomas d'Aquin et de l'entéléchie, tandis qu'une maquerelle lui propose – pour pas un rond – une virginité. Et comme le texte compte cent quinze pages – Joyce se préparant une quantité suffisante de matière à traiter – ce *dialogue* ressemble plus au final à une salve multicolore et polyphonique qu'aux teintes gris bleu et au son affaibli d'un Ibsen. Le bronze coule tranquillement et suit son propre flux, l'or refroidit, James Augustine Joyce, tout au bout d'une longue chaîne, très à l'aise dans son costume – pourpre élisabéthain retaillé – prépare, en souriant, un nouveau moule ; le décor est presque installé.

***

*Ulysse* est publié à Paris en 1922. À la même époque, en Union Soviétique, Maiakovski, Meyerhold et les constructivistes s'attaquent aux arts de la scène. Dans l'enthousiasme de la révolution d'Octobre, ils inventent un *théâtre nouveau* (l'idéologie du *nouveau* et de la *modernité*, apparue au XIX$^{e}$ siècle – thème de l'enfant et de son tambour en ferraille – bat alors son plein); un théâtre mécanique et burlesque, inspiré du music-hall, du cirque, de la boxe, et fasciné par le cinéma muet américain. Les décors luxuriants du Théâtre Impérial sont remplacés par des échafaudages, des armatures ou plans inclinés; les acteurs se font gymnastes, et la mise en scène devient géométrie des corps, espace de lignes pour une représentation bondissante, cubisme en mouvement. Les constructivistes s'inspirent de la peinture, et reprennent – entre autres – les œuvres de Gogol et de Tchekhov, dont ils font des montages provocants; enfin, ils créent leurs propres œuvres: *Mystère Bouffe* de Maiakovski (1918-1922) deviendra ainsi le symbole de cet art nouveau (un peu plus tard encore, Artaud entreprendra une même électrification du Théâtre Français tandis que Brecht écrit *L'Opéra de Quat'Sous* et énonce son principe de distanciation).

Joyce ignorait l'existence des constructivistes russes, mais il est étrange de penser que le chapitre douze de la deuxième partie d'*Ulysse* – écrit loin de la révolution, comme une parade isolée, une variation autour de saint Thomas d'Aquin, Shakespeare, Flaubert ou Ibsen – réussisse – d'un point de vue littéraire – bien plus que les exhortations de Maiakovski et, plus tard, de Brecht, ce que les constructivistes rêvaient pour la scène.

***

James Augustine Joyce prépare sa combinaison. Il a placé ses personnages – thème du Drame et de la Vie –, il occupe la province du théâtre et prend sa citadelle – le dialogue –, il ne lui reste plus qu'à disposer ses chiffres. Car résumé ainsi – un petit agent de publicité suit un étudiant, dans un bordel –, *Nighttown* ne serait – bien que poignante – qu'une pièce brillamment écrite, une machine conforme, machine à laquelle Joyce donne maintenant son tour de main.

Premier élément. Les didascalies.

Considérées jusqu'à *La Tentation de saint Antoine* comme de simples conventions – indications scéniques destinées au seul lecteur –, elles deviennent, sous la plume de Flaubert un texte autonome, qui parle et commente, décrit. Joyce reprend le principe, et fait de ce procédé anodin la particularité de son chapitre, et son unicité. Bien plus que celles de Flaubert, les didascalies de *Nighttown* s'attardent en coulisses ou dans la salle, décrivent et rêvent à tout va ; lentement – avec quels soins dans la progression, dans la mesure puis la démesure – elles se font l'instrument qui détruit la machine, la petite pièce folle, un rouage bien placé. Joyce – si consciencieux dans ses dialogues, si scrupuleusement théâtral – laisse courir entre ses parenthèses, dans la ponctuation et le souffle du texte, un délire verbal ; il digresse, coupe ses personnages, les reprend, rêve, les interrompt en pleine transe pour parler d'autre chose ; puis il tord le cou des mots et parfois (comme l'on dit ailleurs) celui du sens. Et la petite machine à jouer perd toutes ses illusions, les didascalies deviennent une sorte de contre-pièce dans la pièce, une voix intérieure – celle de Joyce et de son livre –, qui, sans cesse, contredit, se moque – longue incantation, monologue intérieur, une phrase musicale insensée, et sans fin –. Le décor patiemment installé tombe, et les panneaux jaunissent, quelques-uns courent encore, et s'essaient à les relever.

*Je propose,* écrit Nabokov, *de considérer le chapitre douze comme une hallucination de l'auteur, […] le livre lui-même rêve et a des visions. De quoi s'agit-il ? D'une comédie-cauchemar,* écrit-il encore.

Deuxième élément. Une comédie-cauchemar.

Au bout de sa très longue chaîne, James Augustine Joyce – qui depuis un certain temps a façonné son moule – agrémente la combinaison d'un élément nouveau ou d'un dernier principe ; principe de cauchemar dont Bloom, pivot de l'ensemble, sera l'exécuteur.

Bloom ne faisait donc que suivre Dedalus. Mais il lui suffit – par exemple – de se sentir coupable, pour qu'instantanément, et sous nos yeux, son procès soit instruit ; voici, dans l'instant même, le tribunal, son hémicycle et ses boiseries, la cour, les avocats, les jurés, la foule. Ou : il suffit à Bloom de se sentir dominé – disons, par une femme – pour qu'instantanément, et sous nos yeux, il se change en soubrette, martyrisée par une brute du nom de Bello Cohen – qui n'est autre que Bella Cohen, tenancière de la maison dans laquelle, justement, se trouvent Bloom et Dedalus.

La représentation s'en trouve piégée, à l'intérieur de son propre cadre. Une mise en scène réaliste de *Nighttown* (le mot, pour une dernière fois, s'efface, et la ligne reste blanche) avec construction de tous les décors, fabrication de tous les costumes et accessoires que Joyce fait entrer sur la scène de ses hallucinations serait improbable, irréaliste et même, dangereuse. Le Dublin de Nighttown – son quartier des bordels, ses rues et ses lignes de tram – est un Dublin rêvé – une image mentale –, le cauchemar de Bloom prisonnier du rêve de Joyce, le cauchemar de Joyce prisonnier de son livre, les visions de ce livre prisonnier de la page.

Pris dans les fils de son rêve, Joyce suit une ligne médiane, saute du naturalisme le plus cru (c'est d'ailleurs ce chapitre douze qui vaudra à *Ulysse*, lors de sa parution, les hommages, déjà distraitement accordés à Flaubert, de la censure) au fantastique, à la bouffonnerie, ou aux excroissances des mystères médiévaux; une ligne médiane donc, qui pourrait être celle qui, à la fois sépare et relie l'objectivité scientifique – qu'Eliot invoquait à propos d'*Ulysse* – à la subjectivité de l'artiste en train de suivre, sur le papier, le rythme confus de ses propres phrases.

Et que l'on ne se méprenne pas: les hallucinations de l'écrivain Joyce n'ont rien à voir avec de quelconques fantasmes (un mot facile à tracer, mais dont le sens demeure incertain) et les théories psychanalytiques de docteurs avides, munis – comme l'écrirait Nabokov – de leurs parapluies élimés (l'homme derrière l'écrivain; les troubles de sa personnalité éclairent son visage et sa prose à la lueur – en contre-jour – de sa sexualité infantile, etc.) n'ont rien à faire avec l'œuvre de cet Irlandais bonhomme.

Le décapage auquel Joyce soumet le Théâtre est, certes, inspiré, mais il est méthodique: il en rassemble les éléments, en dissèque la structure, les conventions, se pose en égal de Shakespeare (avec lequel il dialogue et qu'il fait apparaître – personnage de *Nighttown* ou reflet de l'un de ses nombreux miroirs –), passe lui-même masqué, ou à visage découvert (Molly Bloom lui lance ce curieux: – *oh, Jamesy, libère-moi de tout cela!*)

Joyce pose au Théâtre un des problèmes les plus passionnants et les plus complexes qui soit; problème que voile un demi-siècle de silence.

***

*Le rythme semble être le premier rapport, c'est-à-dire un rapport formel, entre les différentes parties d'un tout, ou entre ce tout et ses parties, ou encore entre une quelconque de ces parties et le tout auquel elle appartient. Les parties constituent un tout dans la mesure où elles ont un but commun.* (*Carnet de Paris,* 25 mars 1903).

Pour finir, disons-le donc, car les répétitions plaisent. *Nighttown* de James Augustine Joyce est une pièce à part entière, l'une des plus importantes de l'histoire du Théâtre. Que cette pièce soit une partie du roman intitulé *Ulysse,* et que l'on se voit servi de cet argument pour l'occulter – c'est probable –, voilà la plus belle des mystifications que l'on ait opposée à une œuvre depuis longtemps; le décor est à terre, les derniers feux se sont éteints dans une effervescence comique.

Cyril Grosse

# *ULYSSE*... CRÉATION 1997

## 1. THÉÂTRE, CHŒUR JOYEUX DES MOMIES QUI CHANTENT

Comme je l'ai déjà écrit, le texte de James Joyce, tiré de son roman *Ulysse,* est d'une richesse presque incomparable dans l'histoire du théâtre de ce siècle. Cette œuvre permet de nombreuses variations, et de jouer avec des styles de théâtre différents. C'est à la fois un opéra macabre, une comédie-cauchemar, un monologue intérieur, un face-à-face entre deux personnages de répertoire, une nouvelle manière d'aborder la psychologie. Aussi est-il impossible de penser une mise en scène systématique d'*Ulysse*. Le metteur en scène, les acteurs, les musiciens ne peuvent pas et ne doivent pas suivre une seule ligne. Tout l'intérêt d'un tel projet est dans les changements continuels de ton.

On pourrait penser, le lecteur tout au moins, au baroque de Fellini, de Wells ou à la luxuriance d'un Greenaway. Mais l'atmosphère que dépeint Joyce est celle de la pauvreté que l'esthétique de la mise en scène essaiera de retranscrire. Pas question ici de tape à l'œil, pas question de tuer le spectacle par une profusion de décor et de costumes. Cependant le baroque existe comme rêve, vision, hallucination. Parfois Joyce donne à entendre cette profusion et l'acteur devient voix, parfois il appelle l'image, le corps. Il faut choisir entre ces deux tentations.

Monter *Ulysse* c'est poursuivre l'esthétique qui est la mienne depuis quatre ans : une recherche sur le mouvement et le rythme, inspirée de la danse contemporaine, de Meyerhold et d'autres, une attention à la lumière et à ses possibilités de narration, une certaine manière de traquer le cliché, et de fabriquer des éclats de cauchemar ou de rêve avec des moyens propres à un art éphémère ; attaquer la logique même de la représentation qui veut donner à comprendre plutôt que de donner à ressentir. Musique. Émotion. Présent.

Voilà quelques-uns des éléments avec lesquels j'ai travaillé dans *Madelaine Musique I* et *II* ou *Tchekhov en Acte* en imaginant qu'un jour il y aurait *Ulysse*. Parce qu'à ce petit édifice, Joyce ajoute la profondeur d'un Bloom, d'un Dedalus, d'une Bella Cohen, d'une Zoé, d'une Kitty, d'une Flora, d'un Dublin magique; parce que Joyce dicte les lignes à suivre entre formalisme et intuition, beauté et pitié.

Dès l'entrée de Bloom, Joyce pose à l'hypothétique metteur en scène qui cinquante ans plus tard se mettra au travail, une question: Bloom manque de se faire écraser par un tramway. À quoi ressemble-t-il ce tramway ? Faut-il le montrer, l'entendre ? Si *Ulysse* n'est qu'un cauchemar, une question posée à la représentation et au théâtre, alors ce tramway n'est que jeu d'ombres, de lumières, une petite fabrication, une invention pour la scène d'une image de scène – le visage de l'acteur tendant et détendant ses muscles, une lumière qui balaie le plateau et fixe ce visage –. La construction d'*Ulysse* est des plus harmonieuses. Pendant toute la première partie Joyce appelle l'hypothétique metteur en scène et lui pose des colles. Parfois il suffit aux acteurs de dire ce qui se passe; parfois il faut montrer, montrer l'errance de Bloom par des jeux d'espace – resserrer un panneau, en ouvrir un autre, ouvrir une trappe –, montrer le procès – faire sortir du décor comme des diables des personnages bariolés –. Mais plus le temps avance, plus Bloom se rapproche de Dedalus, plus Joyce en appelle à la sobriété, à l'épure, comme s'il disait à l'hypothétique metteur en scène: maintenant retire-toi, laisse faire. Ils se sont perdus dans la langue et sur un continent lointain du théâtre, laisse parler maintenant les personnages, laisse Bloom, laisse Dedalus, laisse Zoé. À cet instant tout devient mélancolique. Dedalus comme Hamlet retrouve sa mère et se fait méchamment casser la gueule.

La fin d'*Ulysse* est simple et belle comme la dernière phrase d'*Hamlet*: «The rest is silence». Après les imaginations débordantes, le baroque, la jeunesse, la folie et le mouvement, la fin est un duo intimiste, classique et tragique. Un texte et des acteurs, la voix de l'acteur épousant les modulations du texte, le texte épousant les modulations de la voix, la voix s'éteignant dans le noir. Alors qu'à la lecture, le texte peut paraître déroutant, sa mise en scène ne pose parfois que des questions très simples.

Simplicité. Le problème des didascalies est un des points en apparence les plus dangereux, une des questions les plus précises que pose Joyce à notre hypothétique metteur en scène. Simplicité. Métier. Sensibilité. Un acteur dit le texte. Ici le mot est un lieu, le lieu, une voix.

Parfois l'acteur est une espèce de Monsieur Loyal, parfois, il est conteur irlandais, parfois il est poète, parfois chanteur. L'un des passages les plus fous de cette folle première partie est celui où Bloom est fait roi de Dublin. Apparaissent alors la foule, les notables, les corps de métier. Que faire et que faire d'autre ? Comme dans certains monologues de Shakespeare, nul besoin de faire entrer en scène les mâts enrubannés, les arcs de triomphe ou une cohorte de figurants égarés. Seule la voix de l'acteur dans une litanie envoûtante peut rendre l'image, l'émotion et la vie de cette foule ; la voix et son rythme propre, le souffle d'autres acteurs derrière comme une respiration. Le texte de Joyce est souvent d'une évidence à couper le souffle.

## II. ACTEURS

Pour porter une telle matière, pour la faire vivre, pour la rendre joyeuse, voici qu'entrent en scène treize acteurs. Une troupe de personnalités hétéroclites, de sensibilités différentes, de visages et de corps opposés. La plupart, neuf sur les treize, sont jeunes. Jeunes acteurs mais qui tous possèdent une vie et une expérience propre à donner à chacun des personnages une couleur intime. *Ulysse* se passe à Dublin en 1904. Dublin est un port. Les personnages qui se croisent dans cette ville peuvent être Russes, Hongrois, Yougoslaves, Italiens, et bien sûr Irlandais. Le cauchemar déploie ses panneaux dans le quartier des bordels à minuit. L'on y croise des putes et des clochards. Bloom lui-même est un juif d'origine hongroise. Tout au long de la pièce on ressent ce point de côté, cette tension sournoise de la différence. «Étranger rime avec danger» écrivait Nabokov. L'une des nombreuses beautés de ce texte est qu'il propose de mettre en scène, donc au présent, cette différence. Ainsi les acteurs seront-ils de nationalités différentes. C'est **Heni Varga**, comédienne Yougoslave, grandie à Sarajevo, qui depuis l'âge de quinze ans a d'abord joué, avant d'apprendre. Heni Varga qui chez Jacques Lecocq travaillait en anglais avec des Allemands et des Espagnols et qui avec Josef Nadj composait avec des Hongrois des spectacles en français. La luminosité de son visage, son français aux consonances yougoslaves, son enthousiasme mêlé à la gravité que provoque l'exil font d'elle Flora, l'une des quatre prostituées que rencontrent Bloom et Dedalus dans le bordel de Bella Cohen. C'est **Victor Ponomarev**, Russe massif, au fort accent slave lui aussi ; Victor Ponomarev qui à

Oulan Oudé, Sibérie, fut régisseur, décorateur, acteur, homme de cirque et qui possède cette même sensibilité qu'Heni Varga, ce mélange de force brute, de retenue et de puissance. Il sera le soldat qui casse la gueule à Dedalus, policier qui intimide Bloom, vallon du sommeil, if, cavalier, présence. Ce sont ces quatre autres acteurs irlandais, que j'ai croisés à Dublin, ou ailleurs et que je rencontrerai pendant les stages préparatoires entre janvier et juin 1996.

Parce que malgré sa généalogie, le texte de Joyce est unique et inouï, parce que de fait l'aventure qu'il propose au metteur en scène est unique, il faut pour ce spectacle des acteurs uniques.

**François Marthouret** fait partie de ces acteurs. Il est Bloom, le fil rouge de la pièce, un personnage simple et digne, bon et humain ; un homme prêt à tout pour sauver sa peau, prêt à être ridicule puisque de toute manière lui seul s'en tirera. Bloom c'est un peu Charlot. Il est pauvre et se promène au milieu des pauvres, parfois de plus pauvres encore. Dans ce monde de cauchemars où les portes s'ouvrent sur des murs, où les murs s'ouvrent sur des rues, dans cette danse de vie et de mort, les danseurs ne sont pas des rois mais de pauvres types. Bloom enlève l'histoire avec sa philosophie de quatre sous et sa manière de ne pas y toucher. Un homme plein de vie, désespéré comme la vie, un Juif que l'on insulte au passage, un mari trompé qui a l'élégance de ne pas rentrer chez lui. François Marthouret sera Bloom ; sa voix module des accents graves, douloureux ou ténus. Comme Bloom, il est joueur, enfantin et la seconde d'après dramatique. Je le vois qui entre en scène. Il marche vite. Les premiers mots : «Poisson et patates, très peu pour moi. Ah !» Il a mal aux jambes. Il souffre d'un point de côté. Il est gauche mais il se tient debout. On devrait dire d'un grand acteur qu'il n'a pas d'âge, qu'il est à la fois tous les hommes et un seul homme. François Marthouret peut être courbé et maladroit, comme il peut être digne et tragique. Son visage exprime sans cesse dans mon esprit la longue marche de Bloom dans son manteau râpé. Il est rapide et précis mais son art et sa grâce de funambule savent le faire lent et faible. Chaque rencontre avec lui me persuade que les traits de Bloom et les siens ne sont qu'un seul visage.

Bloom c'est le monologue intérieur, une profusion de pensées, mais des mots lâchés au compte-gouttes lorsqu'il est en public. De l'autre côté se tient Dedalus. Aphorismes, pensées obscures, jargon de poète, épaisse mélasse philosophique, Dedalus est un des rares hommes au monde à donner du messieurs à deux soldats ivres morts qui veulent lui casser la gueule, à leur parler d'Histoire. **Frédéric Andrau** a la raideur lunaire de Dedalus. Il se déplacera sur le fil minuscule qui le relie au souvenir de sa mère, à sa mauvaise conscience et à ses envies déchaînées d'alcool. En face de François Marthouret-Bloom, il est le parfait fils prodigue. Il impose sur la scène ses extravagantes embardées, sa présence à la fois fougueuse et apaisée, ses expressions nature. Là où Dedalus est hargneux et méprisant, Bloom est humble; là où Dedalus est savant, Bloom est intuitif. Ils se retrouvent à la fin, seuls, l'un ivre mort avec l'autre pour veiller sur lui.

**Laurent Chouteau** sera cette voix qui court tout au long d'*Ulysse*, qui raconte, décrit, émeut. De par son corps, de par ses origines angevines et de par l'incroyable histoire qui le mena au théâtre, de Londres à la Comédie de Saint-Étienne, en passant par ces assistants de Grotowski, Zigmunt Molik et Ludvik Flaszen qui lui apprirent le pépiement des oiseaux, le rugissement et le silence.

Enfin, d'évidence, **Valérie Marinese** sera Zoé parce qu'à la première lecture comme à la dernière, je me dis qu'elle seule peut l'incarner. Ce mélange d'enfance et de dureté, cet élan mutin la raconte comme il raconte Zoé. Son enthousiasme, sa jeunesse et son histoire font, comme on dit, corps avec le personnage. Et **Jeanne Mathis** sera Kitty, la troisième des quatre prostituées, tout en sachant rester cette assistante à la mise en scène, drôle et légère, assistante au burlesque, prête à me rappeler, si je l'oublie, ce qu'est *Ulysse*: une comédie-cauchemar. La stature de Jeanne Mathis me rappelle que je n'ai pas encore rencontré Bella Cohen, ni les deux autres acteurs et actrices plus âgés qui finiront de composer cette troupe.

Une troupe donc créée de toutes pièces pour cinq mois et demi et ce magnifique pari que ces gens qui ne parlent pas tous la même langue maternelle s'entendent et se comprennent sur le plateau. Voilà ce que représentent ces acteurs: leurs histoires, leurs expériences. C'est eux et eux seuls qui portent le battement du spectacle. C'est à cette troupe de treize personnes que l'on proposera dès le premier jour de répétition de s'exposer, qu'incombera de ravir chaque soir l'émotion du spectateur. Ainsi, comme on dit au théâtre, la «distribution» est-elle essentielle. Et ce sont ces phrases-là, presque banales, qui peuvent faire et défaire l'ambition d'un spectacle.

## III. L'ART DE LA SCÈNE

De même qu'il existe en littérature des métaphores à l'agonie – les cheveux blonds comme paille, l'herbe folle –, il y a dans le domaine des lumières, de la couleur, de la scénographie et des costumes, certaines touches épuisées, des codes rompus. Il suffit pour s'en convaincre de pénétrer dans une salle de cinéma ou de théâtre et de s'envoyer une quelconque production hollywoodienne, l'inévitable spectacle dernier cri. Vous y verrez une scène d'amour en bleu aux lumières filtrées, trois coïts rouges pompiers, une boîte de nuit en rose, quelques néons ici et là, du vert médiocre. Longue formule d'une esthétique où ce qui était rare devient conforme, où le beau se fait joli, l'étrange, vulgaire. Les formes s'appauvrissent, ce n'est pas d'aujourd'hui. Au côté des acteurs et non pas contre eux, la lumière, la scénographie et les costumes sont le second élément, l'autre ligne de cet *Ulysse*. Joyce pose à la représentation des problèmes en apparence insolubles. Mon but n'est pas de les résoudre, mais d'en poser d'autres, hypothèses ou déductions. La force de ce texte est de proposer une écriture parfaite à des tentatives qui courent dans l'art de la scène, des constructivistes russes à Tadeusz Kantor et Robert Wilson. Mais je n'ai pas envie d'aligner ici, citations et références, comme je n'ai pas envie de faire de ce spectacle un objet savant ou parodique.

### LUMIÈRE

Ce faisceau blanc, ouvert, qui éclaire, cache, rétrécit si je le souhaite, le corps de l'acteur; ce faisceau latéral n'est pas seulement ambiance, correction, enjolivement, ce faisceau blanc dans lequel volettent ces milliers de grains de poussière peut être, comme l'ont compris quelques grands cinéastes ou metteurs en scène (que je ne citerai pas) un instrument de magie – apparitions et disparitions mêlées – un instrument de narration, un art à part entière, essentiel au service de la scène. Faire le choix d'éclairer de face ou en latéraux, faire le choix d'une gamme de couleurs précises ou de serrer une découpe jusqu'à ce qu'elle n'éclaire plus qu'une main, qu'une épaule ou qu'un grain de beauté, pour raconter *Ulysse*, pour montrer le tramway que Bloom rencontre sur sa route, l'apparition d'une mère morte ou le passage du temps et des heures. La lumière, comme les changements de codes de jeu pour les acteurs, passera donc d'un expressionnisme brutal à des pointes de lumière poétiques ou abstraites. Travailler pour cela avec **Ivan Mathis**, c'est poursuivre une longue discussion, continuer à chercher et parfois à comprendre bien avant que la première répétition n'ait eu lieu. C'est, encore une fois, essayer de rendre à la lumière sa qualité d'émotion pure. Depuis que nous travaillons ensemble, nous avons toujours, par exemple, choisi de réduire notre récit à quelques couleurs, de ne pas les multiplier. Ainsi lorsque ce pourpre apparaîtra, sera-t-il peut-être pour les spectateurs, plus qu'une couleur, une sensation.

## SCÉNOGRAPHIE, COSTUMES, UN RIEN DE PEINTURE S'IL VOUS PLAÎT.

J'ai toujours été tenté par l'espace vide. Mais les rêves et les images qui s'offrent à moi pour *Ulysse* représentent des escaliers mécaniques sur lesquels des personnages hagards défilent avant de se retrouver sur le corps d'une prostituée qui écarte les jambes, lorsque retentit une sonnerie. Ce sont des rêves et des images d'angles et de géométrie, de rapports de volumes et de hauteurs. Les inventions de **Goury**, les multiples objets qu'il inventa pour Josef Nadj ou Philippe Adrien ou son art de la composition et d'un bricolage artiste me font penser qu'il est possible de mêler cette tentation du vide et ces rêves de trop-plein. *Ulysse* est censé se dérouler en 1904. Mais l'imagination de James Joyce ne me donne pas à voir une ville réelle et surtout pas réaliste. La première partie du spectacle, jusqu'à ce que Bloom pénètre dans le bordel, est constituée, dans mon esprit, de deux hauteurs inégales, en fond de scène, bois et fer, d'un plancher, de trappes, de panneaux et d'objets aux formes incongrues. Et l'on jouera dans tous les angles de la scène. La seconde partie, qui fait se rencontrer Bloom et Dedalus, éloigne lentement les éléments et les machines bricolées de la première partie. La scénographie de ce spectacle sera le résultat de plusieurs mois de rencontres, de discussions et de maquettes mais aussi de la confrontation de nos idées communes au coût de leur réalisation. Je le répète : Joyce raconte des histoires de pauvres types.

Il sera indécent, du moins est-ce mon avis, de raconter cette histoire avec de coûteuses machines. Mes cauchemars d'escaliers mécaniques, de trappes, de fer et de bois seront soumis à cette morale simpliste.

Il en va de même pour les costumes. Les quelques croquis que **Patrick Teroitin** a réalisés – et qui ne sont que les premières silhouettes d'une première lecture – seront soumis eux aussi à ce petit théorème. Des bases de costumes noirs et blancs, sans recherche excessive du détail d'époque. Mais imaginaire du pauvre ne veut pas dire pauvre imaginaire. Il y a dans *Ulysse*, comme en Irlande, une forte tension religieuse ; le catholicisme y tient farouchement sa place ; et Joyce qui sans cesse oscille entre transcendance et immanence lance de subtiles allusions à des peintres mystiques ou païens. Bien que je ne veuille pas faire de cette représentation un catalogue d'art sacré, il semble inévitable que certains moments se souviennent que la peinture existe. Comment ne pas se rappeler de Jérôme Bosch ou de ces vierges du XIIème siècle. Comme Goury bricole des objets poétiques, Patrick Teroitin fixe ses étoffes, imagine et réalise non comme un simple exécutant mais comme un créateur. Nous saurons nous souvenir ensemble, sans luxe, mais avec précision, de certains bleus, de certaines touches, de certains hommes-poissons diaphanes et légers. Goury ne me parlait-il pas d'une femme-armoire ?

Cyril Grosse en collaboration<br>avec Isabelle Vergely,<br>novembre 1995.

## NOTES EN MARGE

### Voyage

Au début, lorsque le train démarre et commence à s'éloigner, à passer une ou deux frontières, peut-être, êtes-vous perdu ? Vous ne connaissez pas la langue. Ce ne sont plus les mêmes enseignes, les coutumes et les visages sont différents.

Voilà *Ulysse*…

Au début, le spectateur est un peu décontenancé. La lumière s'éteint brusquement, une cymbale claque, une petite musique s'envole, un flonflon. Et un homme se présente de l'avant-scène au public. Il annonce : Dublin 16 juin 1904 l'entrée par Mabbot Street du quartier des bordels. Derrière lui des acteurs se pressent sur une espèce de tapis mécanique branlant qu'un gros type sévère actionne à la main. Ils mangent des gaufrettes, s'appellent et se répondent : «Attends, mon amour, et je serai avec toi !». Un idiot apparaît, il emprunte le tapis mécanique, tandis que l'homme en avant-scène continue de parler. Il décrit d'une voix chaude ; le train démarre. C'est une espèce de Monsieur Loyal, un grand bonhomme qui vous raconte son histoire en magicien et il vous manipule et il vous berce ; vous rêvez avec lui – le train avec sa musique de rails qui se croisent et retrouvent leurs parallèles, le train et ses sonneries d'alarme, le paysage derrière vous –. De petites lampes rouges pendent à leurs fils, elles s'allument. Une fille est allongée sur une table et ceux qui tout à l'heure ont pris l'escalier mécanique sont maintenant à la queue-leu-leu face à elle. Une énorme tenancière donne un coup de sifflet, ils partent, et d'autres prennent leur tour.

Le train s'éloigne. Sautez quelques gares et une autre frontière. Voilà Bloom. Depuis un quart d'heure tout est allé très vite. Le début du voyage est grisant, vous êtes désorienté. Bloom sera votre guide ; il laisse derrière lui de petits cailloux. Suivez-le à la trace.

Et là tout à coup quelqu'un me demande : «Mais alors, c'est quoi en somme cet *Ulysse*..., dis voir un peu ?».

Et je sors de ma poche un papier froissé où j'ai inscrit il y a longtemps cette réponse toute faite :

– *Ulysse* n'est pas un spectacle d'avant-garde, ni une expérience de chimie, ni une équation abstraite ;

– *Ulysse* est un spectacle de théâtre ;

– *Ulysse* c'est trois ans de ma vie, ce texte sous mon oreiller.

C. G.

# Quatre projets de costumes par Patrick Teroitin

Ulysse in
Nightown
Bella
95

Ulysse in Nightown.
L'idiot sourd-muet

Ulysse in
Nighttown -
La nymphe
95.

Ulysse in
Nightown
Bloom

# DE *ULYSSE*, DE *JOYCE*, DE *TANKUS*: UNE MISE AU POINT

Lorsqu'après *Madelaine Musique* (1991-1993) – inspiré déjà dans sa forme de l'écriture de Joyce – je m'attelai à l'adaptation du chapitre douze de la deuxième partie d'*Ulysse*, qu'il est convenu d'appeler l'épisode Circé, j'avais deux espoirs: faire partager à un public nombreux l'extraordinaire richesse artistique et théâtrale de ce texte; que mon travail d'adaptateur, les longues heures passées à décrypter, traduire, donne, dans le temps, naissance à un texte original, contemporain, qui saurait ne pas oublier le long et patient travail de l'un des plus grands écrivains de notre siècle.

Par lettre datée du 24 décembre 1996, Stephen James Joyce m'apprend qu'il refuse de me confier la mise en scène d'un spectacle tiré du chef-d'œuvre de son grand-père, mettant ainsi un terme aux discussions, lettres, que nous échangeâmes pendant plus de deux ans. Un metteur en scène plus célèbre serait, à son avis, plus à même de mener à bien une telle entreprise; ce texte n'a jamais été monté en France.

Les lois concernant les droits des auteurs et de leurs descendants sont une des parties les plus complexes de la législation européenne; il ne semble donc pas qu'il y ait d'alternative à cette décision.

L'un de mes deux espoirs ne deviendra pas une réalité théâtrale. Les mois de travail ne rencontreront pas d'échos, les quinze personnes, acteurs, musiciens, scénographe, ne rencontreront pas leur public. François Marthouret, dont la passion et la générosité avaient beaucoup fait pour notre petite utopie, ne sera pas Léopold Bloom et je ne pourrai pas, pas pour l'instant, montrer à quel point l'œuvre de James Joyce peut être libre, euphorique, affranchie de toute morale et de tout préjugé.

J'ai d'abord été abattu. Trois ans et quoi ? Tristesse, deuil. Puis, poussé en avant, je me suis dit que je n'avais pas envie de laisser faire, d'apprendre à réciter par cœur une leçon de cynisme. Et l'un de mes deux espoirs m'est revenu en tête : aujourd'hui donc, L'Insolite Traversée propose au même public ce texte en cours d'écriture : *Tankus*.

C'est une sorte de suite, une tentative, c'est aussi une réponse artistique, une révolte poétique à la fois individuelle et collective. Une suite ? Que peut-on faire d'une aussi longue complicité avec une œuvre ? Le décapage auquel Joyce soumet le théâtre est méthodique, il en rassemble les éléments, en dissèque la structure, les conventions et lui pose l'une des questions les plus passionnantes et les plus jubilatoires qui soit ; question que voile un demi siècle de silence. Le texte de théâtre n'est plus avec lui simple dialogue, le roman, semble-t-il dire, esquisse une vision critique où le théâtre impose son procédé en œil unique ; et les indications scéniques se mettent à rêver, à chanter et à boire. Notre réponse se souviendra de ça, notre réponse se souviendra de l'écrivain James Joyce.

C'est une réponse que d'aucuns jugeront fragile, écrite au jour le jour pour la même troupe d'acteurs et de musiciens, rêvée avec le même scénographe, c'est, en tout cas, la seule que j'imagine.

C. G.,
3 janvier 1997.

*Note :* Ulysse *dont la création était prévue en avril-mai 1997 à Martigues et à Châteauvallon n'a pas vu le jour suite au refus de Stephen Joyce de donner les droits de représentation à Cyril Grosse.* Tankus, *réponse de l'artiste meurtri à l'héritier cynique, n'a pas davantage vu le jour. C'est avec* Gens d'ici et autres histoires *de Serge Valletti que Cyril Grosse s'est remis à la mise en scène en juillet 1997 en Avignon. Il fallut attendre 1999 pour que L'Insolite Traversée retrouve la capacité de produire un spectacle à distribution importante, la Scène Nationale de Martigues ayant exigé le remboursement de l'avance faite sur* Nighttown. *Les 4 Saisons du Revest, autre producteur du projet, n'ont pas eu cette exigence, rendant possible la création de* La Forêt *d'Ostrovski, bourse 1998 de la ville d'Aubagne à la création théâtrale régionale, spectacle nourri des rêves de Cyril Grosse pour* Nighttown.

# LETTRE AU MINISTRE DE LA CULTURE*

Monsieur Philippe Douste-Blazy,
Ministre de la Culture
3, rue de Valois - 75001 Paris

21 janvier 1997

Monsieur le Ministre,

Nos deux établissements, le Théâtre National de la Danse et de l'Image de Châteauvallon et la Scène Nationale de Martigues, ont décidé de s'associer pour aider à la réalisation du projet d'un jeune metteur en scène, Cyril Grosse, qui nous a proposé d'adapter pour la scène l'épisode Circé du roman *Ulysse* de James Joyce. Pour mener à bien son projet, Cyril Grosse a reçu le concours artistique de l'acteur François Marthouret (pour le rôle titre de Bloom), de neuf comédiens (cf. distribution jointe), du scénographe Goury et du soutien de la Direction Régionale des Affaires Culturelles par le biais de son Comité d'Experts. Depuis deux ans, il est en contact avec l'ayant droit, Stephen Joyce, le petit-fils de l'auteur qui lui a confirmé par lettre son intérêt pour l'adaptation. Alors que la production et l'équipe artistique sont réunies, la date de création fixée, et malgré une intervention de François Marthouret en novembre 1996 auprès de l'ayant droit, celui-ci vient de refuser, lors de la demande officielle transmise par la SACD à Cyril Grosse, les droits de représentation compte tenu de la jeunesse et donc de la faible renommée du metteur en scène.

Monsieur le Ministre, nous pensons que votre intervention personnelle auprès de Stephen Joyce saura le faire revenir sur une position qui pénalise un jeune metteur en scène et l'équipe réunie autour de ce projet, mais aussi le public en attente de cette création.

Nous voudrions proposer à Stephen Joyce qu'il accepte de donner les droits pour les représentations de Martigues (25 et 26 avril 97) et de Châteauvallon (2 et 3 mai 97) afin qu'il puisse se faire une juste idée du travail réalisé, libre à lui de confirmer ou d'infirmer les droits pour la suite de la tournée.

On ne peut faire le reproche à Cyril d'avoir vingt-cinq ans et opposer la renommée au talent que nos établissements ont la mission de révéler.

Dans l'attente de votre réponse, nous vous prions de croire, Monsieur le Ministre, en l'assurance de notre haute considération.

Gérard Paquet,
*Directeur TNDI, Châteauvallon*
Laurent Ghilini,
*Directeur Scène nationale, Martigues*

* P. D.-B. n'a fait aucune intervention auprès de S. J. J.

# PATRIES IMAGINAIRES

## AUTOUR DE *JAMES JOYCE* ET *SALMAN RUSHDIE*
## ESQUISSE D'UN ART DE VIVRE COSMOPOLITE

Dans une réalité et une époque absurdes, où des hommes de paille nationalistes hennissent à la frontière, à la négation et aux verrous, dans un monde absurde d'hommes plantés la tête en bas fixant – à l'envers – leurs pays, leurs traditions, en un mot, leur patrie, peut-on effectuer ce double saut périlleux – acrobate et nonchalant – pour se remettre à l'endroit ? Existe-t-il d'autres patries, d'autres réalités, d'autres terres que celles – internationales – de la haine et du philistinisme ?

Patries imaginaires : patries d'écrivains, de peintres, d'artistes.

Depuis longtemps, peut-être plus encore dans ce siècle, les artistes voyagent, s'exilent, sont exilés, changent de langues, jonglent avec les nationalités, sans domiciles fixes, libres, dégagés. C'est Giordano Bruno bondissant de son Italie natale à Toulouse, de Toulouse à Londres et Zurich, c'est Mozart, Picasso, Diderot et Joyce, de Dublin à Trieste et de Trieste à Zurich encore ; Salman Rushdie de Bombay à Londres, de Londres jusqu'en des chambres fermées, points minuscules disparaissant sous la garde d'étranges vigiles.

Patries imaginaires : recréation – ailleurs – de villes et d'histoires, suivant le fil ténu et dangereux de l'imagination, de la mémoire et des rêves. Patries imaginaires, nostalgie de l'exilé, rêve de retour glorieux, vision de la révolution (...) paradoxe sans fin. Regarder devant soi, en regardant toujours derrière soi.

Patries imaginaires : cosmopolitisme joyeux, exil violent, jongleurs d'un pays à l'autre, d'une image mentale à une autre, sans jamais se perdre.

Là où la réalité impose son œil unique, l'art fait jouer ses prismes, sa magie, il dénoue les tensions, crée le doute, mélange les contraires.

Jean-Paul Sartre dans un article de 1939 contre *La Méprise-Désespoir* – en russse –, accusait Vladimir Nabokov d'être un déraciné total. « Il ne se soucie d'aucune société, fusse pour se révolter contre elle parce qu'il n'est d'aucune société. » Ce qui pour Sartre représente le plus haut degré dans l'insulte. « Les sujets de Vladimir Nabokov sont gratuits, écrit-il encore, et les crimes de ses héros parfaits. »

N'appartenant et ne voulant appartenir à aucun groupe, à aucune faction, persévérant dans son être, léger, insolent, inapte, un homme gratuit, patriote d'un pays qui n'existe pas, sans message, sans utopie ni grande pensée – est dans la bouche d'un petit homme à moustache et de ses sbires, décadent, dégénéré. Dans tout grand artiste, il y a un homme à abattre. Parce que comme Giordano Bruno, il propose une infinité de mondes possibles, parce que comme Joyce il est un traître, riant de loin de ses compatriotes qu'il réinvente, parce que comme Rushdie, il mélange les cultures dans les métamorphoses de la langue et l'Ange Gabriel lui-même et le Prophète ont le visage d'acteurs schizophrènes.

Écrivains, peintres, artistes, hommes à abattre, libres et inégaux, instables, fous à lier, dangereux, dans un camp puis dans l'autre, seuls, joyeux et solitaires. Si l'art est inutile – un roman a-t-il jamais provoqué une révolution ? – il n'en reste pas moins dangereux et ses patries imaginaires défient les données politiques du monde réel, frontières, ventes, miradors et internationalnetwork.

La persévérance de certains écrivains et artistes à fuir et à inventer leur propre langue a toujours irrité les régimes totalitaires de tous pays dont les premières mesures sont d'interdire les livres d'art et les toiles d'avant-garde : subversives, obscènes, antisociales, antirévolutionnaires, antifascites, entités spirituelles indivisibles.

Giordano Bruno, revenant après des années de voyages, en Italie, y est arrêté et brûlé vif. L'acrobate ne réussit son double saut périlleux que quatre siècles plus tard. La réalité absurde et bruyante gagne du temps.

C. G., 1997.

# APRÈS LA FÊTE

Voilà, s'écrouler raide, dormir. À l'encre rouge, reprenons et tirons sur tout ce qui ne bouge plus, gesticule encore, et parle, parle. Au théâtre des cons, mon insomnie, au grand théâtre de la connerie nonchalante : le danger, mesdames – messieurs, crie le speaker fou de rage, ce ne sont pas les fachos – eux au moins sont clairs, il suffit de les combattre –, non le danger c'est le con, la KHÔNERIE comme l'écrivait il y a un siècle un gueulard solitaire. KHÔNERIE : jeu des apparences, des pouvoirs, jugements vite faits, débuts des collabos, des mesquins, des sournois, des lecteurs de proses infinies. Les voilà : les diseurs d'INFINIS, du MONDE, de l'ÊTRE, des OÙ JE PARLE, les enfants de Duras et de toutes les crétineries sentimentales, sublimes, s'ils n'avaient pas peur du ridicule, ils diraient l'ÂME, l'HAME. À l'encre rouge, voilà une petite prose sans cœur, sans âme, sans Monde, obstinée, stupide, et des pages ne suffiraient pas à défaire le quant-à-soi du KHON qui passe. Il et elle, car c'est aussi une femme, sont partout, ils m'entourent, ils me regardent, ils me montent dessus. En général, ils ne font rien, ils parlent. Le danger, c'est le charabia. Méfiez-vous de celui qui a fait son commerce de l'obscur, du mot abscons, c'est le con en puissance, méfiez-vous de celui qui écrit plat et quotidien, c'est le frère jumeau de l'autre. Littérature : royaume de Tolstoi, de Proust, de Flaubert, de Joyce, de Shakespeare. Écriture : royaume du charabia. On ne pense pas, ici messieurs, ici on phrasifie, on vide, on bricole avec de la poudre et des ficelles. Mon voyage s'arrête où commence l'immense lagune de la connerie chichiteuse ou populaire. C'est la vulgarité, la bêtise, l'ignorance, les idées reçues, l'alcoolisme en passant et le culte de la faiblesse. Vous entendrez toujours le vrai con vous dire qu'il HADMIRE la faiblesse – en écrasant de son pied gauche un cafard qui traîne.

C'est la contradiction qui ne s'assume pas, c'est l'excès en tout qui n'ose pas être excessif. Ce sont les mauvaises manières pour faire bien ou les bonnes pour faire mal, loin de cette ligne intérieure forte et fragile, excessive et corrompue, pure et impure, bâtarde. Une ligne intérieure, claire et précise, le mot juste au bon moment. Pas l'esbrouffe ou le papier glacé, pas le rouge qui claque : cette pointe rouge pâle en haut, à droite de la toile. La suspension, le silence en musique. Le souffle dans la voix, l'œil. Laissez-les venir et danser, les salauds de tous bords : nous avons le temps, tout notre temps, des heures. Allez-y, vendez aux gogos, votre poésie enflée ou rachitique, vendez du spectacle d'avant-garde ou de boulevard, dansez, dansez, en attendant la mort : le grand type qui sourit là-bas, n'attend rien de vous, il vous regarde pourrir sur place, vous disloquer, vous perdre. Mais il a déjà changé de trottoir, de ville, d'espace, et il vous a oublié. Le point, la suspension, le mot juste. Flaubert, toujours en rouge, 1875 : « *L'artiste ne doit pas plus apparaître dans son œuvre que Dieu dans sa nature. L'homme n'est rien. L'œuvre tout ! Il me serait bien agréable de dire ce que je pense et de soulager le sieur Gustave Flaubert par des phrases. Mais quelle est l'importance dudit sieur ?* » Et : « *Tout le rêve de la démocratie est d'élever le prolétaire au niveau de la bêtise du bourgeois.* » Et : « *Je cherche sur moi si je n'ai pas les trente-deux qualités de l'imbécile.* » Et : « *Il nous faut nous résigner à vivre entre le crétinisme et la démence furieuse.* »

C. G., 1997.

# *TANKUS*, TROIS PROMENADES

*Tankus* emprunte quelques-uns de ses thèmes, de ses contours – premier frisson purement imaginaire, et qui en appelle d'autres – aux *Derniers jours d'Emmanuel Kant* de Thomas de Quincey.

Tankus est un vieux professeur de philosophie, vieille célébrité, reconnu partout pour son érudition, sa pensée, la perspicacité de son esprit et de ses vues.

Comme l'Emmanuel Kant de Quincey, il a passé sa vie à construire un système indescriptible par un autre que lui-même – labyrinthe de concepts et de mots –; comme Emmanuel Kant, il aime à vivre ses journées au rythme d'heures régies par un temps immobile – petites habitudes, rituels domestiques –; de même que Kant, il vieillit et s'accroche lentement à son secrétaire – Lampe – et à la marche rituelle de ses journées, son réveil au son de « Monsieur le Professeur, voilà l'heure », et cette promenade surtout, qu'il fait, chaque jour, avec une précision d'horloger. Et si l'on me demandait de quoi s'agit-il ? – j'aimerais simplement répondre : de trois promenades, faites aux mêmes endroits, à la même heure, chaque jour ; récit épique s'il en est.

Et les parallèles avec le Kant de Quincey s'arrêteront là, d'abord parce que mes promenades se déroulent aujourd'hui, dans une grande ville. *Tankus* s'ouvre dans un jardin, loin de l'obscurité de la bibliothèque. Il suffit au vieux professeur de trébucher pour que se joue devant lui une étrange représentation, et que lui soit présenté un cortège de personnages dont il ne soupçonnait pas l'existence. Tankus trébuche et perd la mémoire, son œuvre – ses concepts, son système – disparaît.

Première promenade, Tankus note dans son carnet rouge et noir les noms de fleurs, de plantes, d'oiseaux, qui soudain lui échappent ; don d'enfance, sans mémoire et instantanément. Lampe, son secrétaire, l'accompagne et le pousse doucement vers la sortie : il est cinq heures, le jardin ferme. Il trébuche.

Deuxième promenade, Tankus croise une femme et des acteurs, il s'entretient de son œuvre et de sa vie, sa mémoire le quitte tout à fait. Il regarde le morne passé, l'absurde présent et le mur sans espoir.

Troisième promenade, Tankus s'endort dans un jardin alors qu'il se croit dans une nacelle au-dessus de l'Afrique, loin des livres, loin de sa bibliothèque, loin de lui. C'est la dernière promenade et le premier voyage, quelques minutes d'une vie en silence.

*Tankus* ? Entre autres choses, l'on y parle de philosophie, de temps, de mémoire, de vieillesse et de mort, existence monotone, d'un homme qui dort comme un enfant. C'est donc une tragédie, c'est aussi un cauchemar, le procédé est parodique, bien sûr.

C. G., 1997.

# TANKUS

récit épique empruntant trois promenades
au roman de Thomas de Quincey
*Les derniers jours d' Emmanuel Kant*

(...)

Blanc sur bleu, ocre et jaune, bruissements des pas sur le gravier, enfants avec leurs mères qui courent et tombent; souffle tourbillonnant, tourbillons minuscules, feuilles de platanes et de hêtres, tourbillon, brusque suspension dans l'air suave du soir, tourbillon suspension et chute, la feuille retombe dans le temps, suspendue, relative. L'entrée par le boulevard du jardin de L., l'entrée par le boulevard, la feuille qui lentement tournoie, et le tourbillon d'autres feuilles, main dans la main, joues contre joues, des couples se pressent, femmes enceintes, des grands-mères, des mamans. Au centre du jardin, de petits voiliers naviguent sur une mer artificielle; un vieux sur une chaise en fer feuillette les pages d'un livre qui disparaissent en tourbillons de feuilles ocres et jaunes, feu, flammes, flamboyances, suspension et chute.

LAMPE – Il est cinq heures.

TANKUS – Une seconde encore.

Apparaissent alors, sur la scène pauvrement habillée du jardin, des éclats, des mirages, des fées: la fée fleur, la fée feuille, la fée pensée du professeur qui se promène, comme chaque jour, à la même heure. Une seconde, une seconde encore à rêver, l'œil mi-clos, tout en remettant deux fois son écharpe jaune passé autour du cou. Une seconde, le temps pour la feuille de, pour les mamans de, et pour les fées, pour le navire sur l'eau morne de la mer morte, et pour les pas des amoureuses, sur le gravier, une seconde, une seconde.

LAMPE – Monsieur le professeur.

TANKUS – La même promenade, dans ce même jardin, à la même heure, chaque jour depuis trente ans. Rien, rien d'autre. (*L'écharpe jaune passé roule autour du cou, et sa main, sa petite main rose la rattrape, glisse le long du manteau noir, disparaît dans une poche, réapparaît, disparaît, fouille*) Arbre. Vie. Concept. Temps. Vieillesse. Mort. (*De sa poche, il sort un carnet rouge et noir, et un crayon à papier. Il écrit*) Arbre deux points hêtre chêne chêne hêtre... Un autre, un nom, un nom d'arbre.

LAMPE – Saule pleureur.

TANKUS – Arbre deux points saule pleureur. Pleureur, un seul r ? Un seul r n'est-ce-pas ?

LAMPE – Oui, monsieur.

TANKUS – Arbre deux points saule pleureur, un seul r. Continuez.

LAMPE – Quoi ? Pardon, continuez quoi ?

TANKUS – Un arbre, un nom, un nom d'arbre.

LAMPE – Cyclamen.

TANKUS – Arbre deux points ciclamène ci.cla.mène. Épelez, s'il vous plaît.

LAMPE – C.y.c.l.a.m.e.n. Cyclamen.

*Apparaissent alors, sur la scène richement habillée du jardin, des éclats, des mirages et des lignes. Lignes bleues, fluorescentes, infinités de lignes qui éclatent en courbes et tourbillonnent, tourbillons de lignes et de courbes, cendres, fumée d'une cigarette qu'allume en marchant Lampe, le secrétaire. Apparaissent des lignes et des lignes, univers, infini, raison, raison pure.*

LAMPE – Monsieur. (*Sa bouche mordille la cigarette, blonde, américaine, et une bouffée s'échappe et se mélange dans l'air frais d'un soir d'hiver*) Cyclamen...

TANKUS – Cyclamen, oui. (Il note) C.y.c.l.a.m.e.n. Arbre deux points cyclamen.

LAMPE – C'est une fleur.

TANKUS – Nom de fleur deux points, une fleur, un nom de fleur. Les fleurs aussi ont un nom, comme les arbres.

LAMPE – Noms de fleurs, noms d'arbres.

TANKUS – Noms d'arbres, noms de fleurs, noms de personnes, noms de choses, nom de nom, noms d'oiseaux, nom d'un chien. (Il essaie de rire, il sourit)

LAMPE – C'est l'heure.

TANKUS – Oui, c'est l'heure. Une seconde encore.

Une seconde, une seconde encore, pour le bleu, pour le blanc, l'ocre et le jaune ; le vieux sur sa chaise en fer se lève et se met en marche. Coups de sifflets. Les mamans prennent leur gosse, des femmes enceintes dodelinent en riant, les grands-mères font des signes, ribambelles de ceux qui partent, mains dans les mains, joues contre joues. Les gardiens s'acharnent, nouveaux coups de sifflets, le jardin solitaire et les grands arbres morts, pointes de racines inversées, de doigts, griffes plantées abstraites dans un ciel étincelant d'argent et de rouille, ombres étincelantes des feuilles dans la lumière du soir. Foule qui se presse pour sortir.

TANKUS – Continuons. Nom de fleur deux points saule pleureur.

LAMPE – Non.

TANKUS – Nom de fleur deux points cyclamen. C.y.c.l.a.m.e.n. Un autre.

LAMPE – Jasmin.

TANKUS (Il note) – Nom de fleur deux points jasmin. Un autre.

LAMPE – Lycopode, grec loukos loup, pous pied, cyclamen jasmin lycopode épine…

TANKUS (En même temps) – Vous allez trop vite, vous allez trop vite.

LAMPE – … vinette, marguerite, lis, liseron, œillet, œillet jaune, œillet blanc, œillet rouge, rose, rose blanche, rose rose, rose rouge, nom d'oiseau fauvette pie pinson moineau faucon corbeau aigle loriot rouge-gorge pingouin manchot merle pâquerette coquelicot nom de. Plante, opopanax. Nom de vie, nom de choses.

TANKUS (Il note) – Lampe, encore une fois, ne montre pas ces qualités particulières qui conviennent à un homme vieux et malade. Mémo : ne plus se souvenir du nom de Lampe.

La petite main rose de Tankus déchire dans le carnet rouge et noir de petits bouts de papiers, carrés blancs de lignes blanches dans la ligne bleue et mauve du soir qui tombe.

TANKUS – Arbre. Vie. Concept. Temps. Vieillesse. Mort. Petits morceaux, petits bouts de papier qui traînent là. Sans ordre. Vous le faites exprès.

Un type avec bonnet court vers eux. Tankus fait un pas à droite, essaie de l'éviter ; le type lui fonce dessus et le bouscule ; l'écharpe roule, le carnet tombe sur les graviers, près d'une feuille morte.

TANKUS – Perds la mémoire. Tourbillons de feuilles, bouts de papiers collés. Il fait froid pour mars. Mars, mois de mars, puis avril, mai, juin. Secondes, minutes, heures, jours, semaines, mois. Mémoire. Je vais sortir d'ici, traverser le parc, passer la grille en fer. Et puis. Pas capable de faire la différence, cyclamen, saule pleureur, une fleur, un nom, un nom d'arbre. Facile. (Il se penche, ramasse le carnet) Pourquoi avoir dit cyclamen, si le cyclamen est une fleur, et pas un arbre ? Je vous ai demandé un nom d'arbre, pour l'écrire dans mon carnet. C'était très simple, sans aucune finesse. Vous vous trompez, Lampe. Vous vous êtes trompé.

LAMPE – C'est l'heure monsieur.

TANKUS – Oui, je sais, c'est l'heure. Une promenade, la même promenade. Rien d'autre.

LE BONNET (Des journaux sous le bras, un long manteau qui voile son énorme corps d'enfant) – Faut sordir, faut sordir d'ici. Hop, sordir ! (Il gesticule et se met à brailler, tousse, crache, les journaux valsent, feuilles noires sur les feuilles ocres et jaunes) Aiment pas le noir. Achetez-moi un jourdal, un jourdal messieurs ! Achetez, le soir tombe, et faut se casser la gueugueule, faut pardir ! Bouhouh !

UNE FEMME – Qu'est-ce que vous diriez d'une petite balade, un bout de chemin, tous les trois, avec mon frère ?

TANKUS – Lampe. Lampe ? (Une ligne bleue strie le visage du type au bonnet)

LA FEMME – Une belle nuit qui s'annonce, une promenade au clair de lune. Les bruits indistincts d'une télévision, loin du foyer conjugal. L'homme sans la femme.

LE BONNET – Bouhouh !

TANKUS – Je ne possède pas de télévision, je ne suis pas marié.

LA FEMME – Seul dans la nuit presque noire, sous les arbres d'un parc solitaire. Poétique. Sujet d'étude, symptôme de la forme. Je suis devant vous sans être présentée, vous ne me connaissez pas, je ne vous connais pas. Rien d'autre.

LE BONNET – C'est l'heure, c'est l'heure ! Bouhouh, poétique.

TANKUS – Je suis fatigué, je veux sortir d'ici. Et.

LA FEMME – Laissez-moi vous conduire, l'homme sans la femme, la partie pour le tout. Paradis mathématique, nombres infinis sur une ligne magique. Je vous accompagne.

Vagues coups de sifflets, bruits indistincts de télévisions dans des foyers solitaires. Des pas sur le sable.

UN GARDIEN (Des journaux sous le bras, une longue pèlerine qui masque son énorme corps d'enfant) – Monsieur, il est cinq heures. On ferme.

TANKUS – Pardon ?

LE GARDIEN – Le jardin ferme ses portes. Il faut sortir.

TANKUS (Remet son écharpe et range le carnet dans sa poche) Bouhouh ! Aime pas le noir, faut sortir ! Hop là, faut sordir !

Le gardien s'éloigne et disparaît sous les grands arbres morts. Tankus et Lampe, côte à côte, silencieux, se dirigent vers la grille en fer forgé.

TANKUS – L'homme sans la femme, la partie pour le tout. Nombres infinis, lignes magiques.

LAMPE – Vous dites ?

TANKUS – Rien.

Côte à côte, silencieux, près du boulevard. La grille en fer forgé se dessine au-dessus de leurs têtes, et l'œil mi-clos du professeur aperçoit dans le mouvement des entrelacs noirs et ors, quadrillage du papier, barreau de chaise, des traits se déploient dans le ciel, cycloïde, hyperbole jusqu'à la quadrature d'un cercle qu'il forme, déforme et construit dans sa tête. Ils passent. Le boulevard siffle. Des voitures, des mobylettes, des motos. Feux rouges, coups de klaxons, cirque-barnum de bagnoles capricantes, slaloms stridents des scooters, cylindres ronflants, chromes et cubes.
Ils traversent le boulevard, lignes et points, crissements, hurlements. Douleur dans l'oreille.

TANKUS (Il s'arrête) – Respirer par le nez. Se prémunir. (Dans l'oreille, dans la tête, il marche, il trébuche)

LAMPE (Le rattrape) – Monsieur ?

TANKUS – Considérez-moi comme un enfant. (Sa petite main blanche remet l'écharpe autour du cou et prend le carnet dans la poche) Respirer par le nez. Ne pas ouvrir la bouche. Se prémunir contre la toux, les maladies. (Il se remet en marche, et trébuche une nouvelle fois. Lampe, derrière lui, le retient) Savez-vous pourquoi les chats meurent aujourd'hui ? Savez-vous pourquoi je tombe et pourquoi les nuages n'ont plus cette netteté de mon enfance ? Parce que l'air est électrique, lignes, courants d'air, partout cette électricité. Regardez ces contours diffus, ce vague, même à la tombée du jour. Ambiguïté, règne de l'ambigu. Vapeurs d'alcool. (Il lit, un rectangle de papier s'échappe et volette) Ne pas ouvrir de fenêtre. Garder les volets clos. Obscurité dans ma chambre, se prémunir des insectes, de la poussière, d'une clarté trop vive. Infiniment petit, infini grouillement. Particules en suspension. Savez-vous pourquoi ? (Il trébuche, Lampe le retient) Savez-vous où et comment, dans quelles circonstances exactes ? Savez-vous qui ? Dites-moi s'il vous plaît ? Nombre. Croyance. Simultanéité, croyance. Il n'est pas en même temps cinq heures et huit heures. Il n'existe pas de Simultanéité, même partielle. Je suis ici, présent. Vieux et malade, présent. Réalités distinctes, dizaines et milliers de temps indivisibles contre lesquels aucune machine. (Il trébuche) Vous et moi, capitaine, présents.

LAMPE – Nous allons nous asseoir, monsieur, souffler. Ensuite nous repartirons.

TANKUS – Vous et moi ?

LAMPE – Vous et moi, oui.

TANKUS – Présents ?

LAMPE – Présent, capitaine, oui.

Il trébuche. Une porte s'ouvre et se ferme.
Fumées de cigarettes et de cigares, odeurs mêlées, restes de musiques – straight no chaser –, phrases, mots à mots de voix en accords modulés, cascades de notes basse médium et du médium à la plus haute, cascades aiguës graves bout à bout, mélange de genres de qui de quand viens par ici, de quoi je me et reste et pars, petit peu de suicide dans l'air, de titube

et tombe, un autre, et de Mona, mon tendre amour, de huha un autre, de chansons, de refrains mélancoliques et de reflets sincipitaux, d'une mélancolie de je sais pas pourquoi, me prend les yeux et des gorges qui se serrent comme ça, une rengaine titube et tombe, dormir dormir mourir, de je ne crains pas la mort, de oui je veux bien oui, prenez-moi comme un enfant, du vieux qui est là dehors et de la vieille, de je saurai mourir, blanc sec, de la lumière huha mon bel amour absent, du comptoir peut-être, des gens, du patron pas là de l'heure qu'il est et d'être seul, de la pluie et des gouttes et d'être deux, de l'air que l'on respire de la musique – funny that way, straight no chaser – d'accords de cascades réflexions abstractions piaulis, de l'œil de la vieille de ma main cacochyme, de son sac en plastique et des comptes qu'elle tient, de ce que je l'enterrerai de ce qu'elle m'enterrera, de la lumière oui, je veux bien, des arbres des tumulus, de la fumée des cigarettes, de ces jeunes cons, de blancs de rouges d'ocres de whiskies, du chien et de cet homme devant la porte écroulé de sa tête dans ses mains de la rue devant qui passe qui vient qui continue, de vous et moi de chut de taisez-vous de rires, de trébuche mon petit vieux ici présent, de ces morceaux qu'ils connaissent, de capitaines et de leurs femmes de leurs maîtresses de leurs enfants des bambins qui, allez allez, des photos sur les murs sales de leurs amours et du temps, des refrains qui, des chansons d'automne, de leurs habitudes des couples d'être seul d'être deux, de la voix des chanteurs, de dormir, de je suis vieux de j'ai dormi trente ans des promenades des sourires des amis d'enfance, de ma mémoire qui fout le camp, de huha tous vos amours, de ces jeunes femmes des amoureuses des moches dans vos bras, de huha mon tendre amour absent, du temps perdu, du temps qui passe de les choses changent, de dormir de dormir de je saurai mourir de oui je veux bien, de ce que je n'ai pas connu.
Une porte s'ouvre et se ferme.
Dans la salle, une bande de filles entoure un jeune homme au visage d'ange. Il se précipite sur Tankus et Lampe, à peine entrés ; les pans de son manteau scintillent autour d'eux, les frôlent, les guident, les caressent. Le jeune homme se plante sur ses jambes et bondit ; ses bras battent l'air, comme une canne.

S – Messieurs. Vous êtes – dans ce lieu où tenons nostre estat – les bienvenues. Mais avant d'aller plus loin, sachez. Ce lieu est un repaire de jeunes femmes dont le seul plaisir est, à longueur de temps – secondes, minutes, longues heures –, de boire. Vous qui, innocents, pénétrez ici pour a) le calme, le repos b) l'harmonie c) la chaleur anonyme d'une loge sans histoire d) une pénétration philosophique e) je ne me souviens jamais des e, apprenez que. À la règle, pas plus qu'à la Loi, nul ne se soustrait. Bref donc en somme à la fin, ni une ni deux, en allant droit au but sans en passer par quatre ou cinq chemins détournés, bref donc en somme si je puis me permettre, messieurs, qu'est-ce que je vous serve ? C'est-à-dire. À la question messieurs, qu'est-ce que je vous serve, question que je viens, à l'instant, de vous poser, si vous me comprîtes, si vous entendâtes l'argument de ma prose fleurie tout autant qu'inspirée, inspiration respiration expiration, à la question donc, que je viens à l'instant tout à l'heure, de poser, messieurs je répète, qu'est-ce que je vous serve, la réponse ne peut être café, thé, ni limonade autre que purgative, la réponse, si réponse il y a et non cri du cœur, injonction irréfléchie, appétence, poussée d'un conatus prêt à tout pour persévérer dans son être, la réponse bref donc en somme, ne peut être eau minérale, ou eau plate meuh beuh bah ! Eau tout court, la réponse que, messieurs, vous allez me faire se tient dans le strict domaine de a) l'alcool b) l'alcool c) l'alcool d) l'alcool e) je ne me souviens jamais des e, tertio l'alcool, deuxio primo et last but not least, l'alcool. Un alcool, une boisson du genre féminin : alcoolisée. (Suspension) Je réitère donc : messieurs, qu'est-ce que je vous serve ?

UNE JEUNE FEMME (Se glisse) – Que sert-on dans le verre qui, messieurs, vous manque ?

UNE AUTRE (Se glisse) – Quel shoot, quel expédient ?

S – À ma gauche, Zoé, à ma droite, Putain. Et pour la rime, ce sera un coup, à boire.

PUTAIN – Je porte la jupe, noire, et les bas, machins. Je m'appelle Fleur, pas Putain. Et pour la rime, ce sera idem. Enchantée.

ZOÉ – My name is Zoé, not Daphné, not Chloé, my name is Zoé. (Bas, à Tankus) Vous allez m'adorer. Et pour le truc, la même chose. Bonsoir.

UNE AUTRE (Se glisse et hurle) – Reubert !

Chœur et voix de femmes, babils braillants, rouspétance, hurlerie, Reubertetreuetronetpatapon ! Arrive ledit Bert. Face à la foule, ivre, déchaînée.

BERT – (Il sort d'un cagibi, un pantalon mal troussé sur sa ventripotence. Il le remonte, s'essuie les mains embarrassé, souriant) Du calme, du calme. Moins de chambard. (Bas, voix de fausset) Faites pas attention, étudiants en goguette, clientèle permanente, vous savez ce que c'est. (Haut) Alors ? Pour ces messieurs, qu'est-ce que ce sera ?

S – Pour les messieurs, double scotch ! Pour nous, gratis à l'œil rincé, double scotch ! Ainsi que. De la musique et de la place. Dégageons-nous les narines ! (À Tankus) Présentation de la troisième des trois grâces, dans son costume de rien. Voici Betsy la mystérieuse. Prête à tout, mais sans le dire. Elle nous arrive d'un ailleurs dont je tairai le nom. Mystère et boules de benjoin.

BETSY – Bonsoir. (Elle embrasse Tankus) Je ne suis pas celle que vous croirez.

FLEUR – Spéciale autorisation à la bande ! Délire, fumette, musique et roule-toi là. Le Souk, chapitre premier.

BETSY – Bouge-toi, Bert, les messieurs attendent.

ZOÉ – Vous remarquerez qu'il en manque un. Ben oui quoi, votre hôte ! Le mec au discours ! Vas-y que j'te cause, il s'est pas présenté. (À Tankus) Voulez du chocolat ? C'est bon pour ce que vous avez. (Elle lui fourre un rectangle dans la bouche) Houp là !

TANKUS (Le chocolat fond dans sa bouche étonnée) – Merci.

FLEUR – C'est vrai ça qu'il s'est pas présenté. (À Lampe) Voulez du chocolat ? Dites pas non, je sais ce qui vous manque. (Elle lui jette un triangle, il l'avale)

LAMPE – 'Ci.

BETSY (Elle cherche et saute) – Bert ! Bert, qu'est-ce que tu fous ? Je t'attends Bert.

S – (Se hisse d'un bond sur le comptoir, son manteau sur les épaules, ouvre les bras) Roulements de tambours, musique, straight no chaser, jazz en souplesse, souples sweet de caisses claires, une once de piano, deux doigts, une liqueur. Déroulez, les morts, déroulez !

ZOÉ (Bondit sur le comptoir) – L'éphèbe dans son manteau azuréen.

S – Et alors que la foule, hystérique, sans égard pour lui, alors que la foule vorace et curieuse, l'acclamait, il se rendit une dernière fois sur la tombe de ses parents, versa une larme – perle de rosée qui perla –, se souvint et décida qu'il pouvait. Il apparut au balcon ; l'enthousiasme était à son comble. Des jeunes filles tombaient, leurs mères pleuraient, et les hommes accouraient de partout. Il déclara. S. Dix-neuvième lettre de l'alphabet, serpent qui sur lui-même s'enroule et siffle sur vos têtes. S ellipse, sensation et saveur, S. Le S de salope et de saint, de Satan, de syndrome, de symphonie, de syphilis et de sida, déroulez les morts, déroulez le S qui s'enroule cercle vicieux. S de sacré, S de SS, S de Stephen, de step aside, le S de stop ! Symbole chimique du soufre et du stupre consonne constrictive. S comme le sable dans le désert, et comme le serpent dans ce sable, comme le sabre saillant, S de saisons et de singe, de salamandre, le S de sexe tout en S et de shop, S de symétrie et de syntaxe, de suspicion, de swing, de surin et de suroît, de sûr de lui pas sûr de toi, de supplice, de stance et de stand by, de stase et de spirituel. S, déclara-t-il, alors que le manteau de roi des poètes entraînait son petit corps fragile, c'est ainsi que les femmes m'appellent. Mes parents, paix à leur âme, dont tout à l'heure je baisais la sépulture, me donnèrent un prénom, d'autres lettres suivaient les circonvolutions de mon S saltimbanque, mais ma nature en a décidé autrement. Dont acte, messieurs, ce sera S. Un point. C'est tout.

FLEUR – Le Souk, chapitre deuxième.

ZOÉ – L'éphèbe nu descend de son piédestal, pour boire un coup. (À Tankus) Alors ce chocolat ?

TANKUS – Bon. Très bon.

FLEUR (Bas, à Lampe) – Me suivrez-vous ? (Elle le regarde fixement)

LAMPE (Ému) – Non, oui, enfin où ?

FLEUR – Y a pas de où qui tienne ! Ouh ! Ouh !
Filante fille,
elle filait et fuyait,
comme le vent. (Elle s'échappe)

BERT (Sort de dessous le comptoir) – Voilà. Six double scotch, presque une bouteille.

BETSY – T'en as mis du temps, Bert. (Elle lui fout une baffe) Bert, mon Bert ! Allez, sers-nous.

Lorgnant, louchant, muets, bondissant à l'intérieur d'eux-mêmes, présents tous les deux, captifs, ne sachant et ne voulant rien faire, Tankus pris de vertige, et Lampe envoûté par les regards fixes de cette madone. L'écharpe du professeur glisse et ses pieds ne touchent plus terre mais entraîné par un mouvement qui le dépasse, il observe, sourit, entraîné oui, par Bert qui lui sert à boire et par ces filles en jupes, mini-jupes et décolletés, par leurs mines et par leurs gestes. Chevaux comme des chevaux.
Alors ils boivent le double scotch, et les murs grincent, et les photos sur les murs sales, et les verres, les verres multicolores, et le temps lui-même fait un tour sur lui-même, une révolution, tout un cycle de tempêtes, d'accalmies, de soleils de bronze et de soleils vert-de-gris, de soleils bleus, de soleils étincelants d'ambre et de cuivre, d'argent qui s'effrite, de miel, d'oxydations naissantes. Et les oreilles du professeur bourdonnent, éclatent en aiguilles qui lui transpercent le haut du front. Douleurs, hurlements, il aimerait prendre son petit carnet rouge et noir, découper un rectangle et noter une phrase inutile, un précepte, ne plus boire, ne jamais boire, ne pas rentrer n'importe où à n'importe quelle heure, ne plus écouter Lampe, mieux vaut être absent que présent dans un lieu comme celui-là, mémo connaître le nom de cet endroit, Lampe, encore, n'a pas fait attention, ne plus se souvenir du nom de Lampe, des phrases dans le genre pour se prémunir, se prémunir, se prémunir. Mais Bert sonne le clairon, y va d'un autre simple scotch, Bert finit la bouteille et disparaît.

S (Son bras s'allonge, ses longues mains se tendent et ses doigts s'accrochent au bouton play du juke-box, qui, au fond de la salle rougit de contentement. Les lampes clignotent, bourgeonnent, clics harpes célestes, claquements des rouages, des dents et des scies. Un chiffre apparaît, électrique dans l'air irrespirable, calcul d'additions et de soustractions, multiplications à l'infini, tête pensante de l'ordinateur, puissance du cerveau mécanique. Il fixe les petits flashs lumineux, en extase) – Rêves de trente-trois ciels simultanés. Cinq heures et huit heures en même temps. Enchaînements de cables et de fils. Réalités distinctes. Modalités. Monades. Si vous vouliez, vous pourriez. Au nom du Père, du Fils et de quoi d'autre déjà ? Trente-trois ciels, trente-trois dieux. Un seul être.

BETSY (Elle cherche et saute) – Bert, qu'est-ce que tu fous ? Bert, mon Bert ! Voilà, il est parti, pfuit envolé ! plus de Bert pfuit ! C'est tout lui ça.

ZOÉ (Douce à Tankus) – Tièdes et languissants effets du whisky.
Le corps d'un homme. Vous sentez ce fluide ? Tout est clair, léger.

FLEUR (À Lampe) – C'était prévisible, tellement convenu. De toute manière, je ne vous parle pas.

LAMPE (Qui s'éclaire) – Mais si, mais si.

Tièdes et languissants effets. La musique grimpe le long des murs, s'agrippe et ensorcelle, invisible fille de l'eau. Aérien, aérienne, elle plane au-dessus d'eux et pique, remonte, s'enroule et s'entortille, puis fleurit. Le lien de ces atomes suspendus exalte Zoé, butine Fleur, émeut Lampe ; les couples se forment et dansent.

ZOÉ (Elle dirige sa petite main blanche et rose et la pose, tremblante sur son cou) – Le visage de la maturité et de la tempérance.

TANKUS (Serein) – Les membres de la décrépitude.

ZOÉ (Elle suit, sereine) – La fragilité d'un bambin.

TANKUS – Quel âge avez-vous ?

ZOÉ – L'âge de vous entreprendre, grand-papa. Pas d'inquiétude là-dessus. Je suis, comme qui dirait, à point. Juteuse mais ferme, mûre sans être noire. Un peu comme vous, en inversant l'image. Concentrez-vous sur autre chose, vous ne risquez rien avec moi.

FLEUR (Qui s'ouvre) – Vous êtes un vieux de la vieille, non ? Je veux dire, sur le sujet. Expert en la matière et sur les formes.

LAMPE (Qui se dévoile) – Disons que, je ne suis pas tout à fait comme lui. (Il désigne Tankus) J'ai connu quelques allers, des retours, quelques revers. Je ne suis plus tout à fait naïf.

S (Comme une plume) – Je vous bénis tous autant que vous êtes. Et je bénis mon fils et la femme qui m'attend au coin du feu. (Il prend Betsy par la taille, l'entraîne, danse.) Gare pas touche ! Je suis un homme marié.

LE JUKE-BOX (Sarcastique) – S est le mari absent d'une épouse qui pleure.

BETSY – Faut rentrer, bouhouh ! Faut revenir !

S – Silence, machines ! (Il lâche Betsy) Où est le téléphone ? (Il hurle) Dois appeler ma femme. Nouvelles de moi à mon fils.

BETSY – Pas de nouvelles, bonnes nouvelles. Proverbe de mon pays.

TANKUS – Ma tête tourne. J'ai l'impression que mes oreilles gonflent et que...

ZOÉ – Tiens, c'est curieux. J'ai déjà entendu ça quelque part. Vous savez, beaucoup me l'ont faite, alors gardez la musique mais changez le refrain. Vite.

TANKUS – Je vous assure que c'est vrai.

ZOÉ – Prenez-moi autrement, simplifiez-vous la vie.

Betsy – Navigue, petit navire,
sur l'eau morne de la mer morte,
Navigue, petit navire,
à l'abandon.

S – Le téléphone, où est Le Téléphone ? (ÀTankus) Bien sûr, Vous n'êtes pas marié, Vous ?

Tankus – Non, je ne suis pas marié.

S – Savez-vous quelle est la différence entre le crabe et le scorpion ?

Tankus – Le crabe n'est pas un scorpion, et le scorpion n'est pas un crabe.

S – Tout juste. (Il s'échappe)

Zoé – Prenez-moi autrement, simplifiez-vous la vie.

Tout disparaît, et ils sont seuls au monde, points minuscules dans un halo de lumière blanche, une clarté trop vive, crue. Tout disparaît encore et se dissout, taches noires, ombres et trames. La musique tourne autour d'eux, louvoie, serpente, grogne, caquette indifférente, et le temps lui-même bondit sur lui-même, particules microscopiques, papillons qui s'affolent, grains de poussière. Tout disparaît pour réapparaître, les ampoules au-dessus de Lampe, les ailes de beurre tiède fondu à côté de Fleur.

Fleur (Qui se ferme) – Indifférente. Je suis indifférente et vous m'êtes indifférent. Ne croyez pas que, parce que je danse avec vous.

Lampe (Qui comprend) – Je ne crois rien, d'ailleurs je ne crois que ce que je vois.

Fleur (Qui pense) – Ah.

Lampe (Qui brille) – Séduction de l'indifférence, vos regards fixes de madone. Rassurez-vous, je n'aime pas la facilité.

FLEUR (Qui prévient) – Tant mieux pour vous, mon bonhomme. Âpre sera la lutte, avant la fin.

LAMPE (Qui sait) – Plus dures seront vos chutes, et vos…

FLEUR (Qui frémit) – Allons, allons, calmez-vous les singes !

LAMPE (Qui contrôle) – Réveillez-vous, mortes saisons !

S – (En passant) Le téléphone, putain, le téléphone !

Tout disparaît et ils sont seuls au monde, une seconde, une seconde encore.

ZOÉ – Quels sont les effets de la poire sur la lippe ?

TANKUS – Un avant-goût de la mort, sans doute.

ZOÉ – Pourquoi y a-t-il quelque chose, plutôt que rien ?

TANKUS – Peut-être. Signes avant-coureurs, chats noirs. Vitesse de la lumière.

S – (Qui rase les murs) Mélodie de pianiste timbré, dans une salle de concert déserte. Doigts qui ne trouvent de résistance que dans les touches qu'ils effleurent. Un petit mot pour ma chérie.

BERT (Sort d'une trappe, qu'il est le seul à avoir vue) – Apparaître, disparaître, réapparaître. Magie du visible, mystère de l'invisible.

BETSY – Est-ce que tu sais que tu es laid, Bert ? Mon dieu, ce que tu peux être laid ! Tu es moche, tu entends, Bert, moche ! C'est pas possible d'être comme toi. Tu es dégoûtant, Bert, tu dégoûtes tout le monde ici (Elle se love contre lui) Tu es tellement, tellement… (Elle se mouche, en fixant ses pieds)

BERT – Montre-moi tes yeux, s'il te plaît. Regarde-moi. (Betsy relève la tête, l'énorme patte de Bert lui arrive comme un charme sur la joue et imprime sa marque)

BETSY – Merci patron pour les gentilles demoiselles. Un tour, deux tours, trois tours !
Navigue, petit navire,
sur l'eau morne de la mer morte,
Navigue, petit navire,
à l'abandon.

La porte s'ouvre, et tandis que S se fait amener, par Bert, au téléphone, la silhouette de Félix Tankhov, prince russe émigré, se découpe en morceaux épars d'un puzzle chatoyant. Son bras gauche traverse la salle et saisit un verre. Son bras droit se divise en deux parties d'égales proportions, et tient, à sa droite, un énorme cigare que sa bouche humecte, et à sa gauche, une bouteille de champagne. Ses jambes se détachent et exécutent un rigodon. Sa tête, cassée, se disperse un peu partout. Son torse bâille et ses pieds marchent. Le fantôme de l'architecte Goursky applaudit la performance, et les morceaux du puzzle se rassemblent comme par miracle et forment un seul être qui, en smoking de bonne coupe, fumant et sirotant, cqfd, conjugue ses efforts pour parler.

FÉLIX TANKHOV – Putain de ville de merde ! Putain de vie de merde ! Merde à la vie, vive la vie ! J'ai une putain d'envie de faire l'amour, ce soir ! Une putain d'envie de boire et de danser ! Merde, merde et merde ! Que reste-t-il de l'émotion, après la lucidité ? Une bulle, une bulle de champagne, un doigt de vodka et un cigare. Et après l'ivresse ? La même chose. Ô, mamouchka, le gris de tes jours dans le rouge de mes nuits noires et blanches, que l'on me donne des chevaux rapides comme l'orage, que l'on me donne un avion, une simple hélice, de quoi m'envoler, de quoi revoir mon pays ! Où sont les princes, où les seigneurs, où sont les hommes dans cette ville de merde ? Je ne vois autour de moi que des insectes, mouches et cafards. Vous avez peur ? Que l'on me donne une arme, que je me fasse sauter le ventre ! Ô, les lacs de ma Russie, ô Pétersbourg, les danseurs ivres de ma ville, les acrobates, les clowns de la Néva ! Jetez-moi dans le fleuve, des pierres dans mes poches, et que je coule, que je me noie en buvant du champagne ! Versez de l'eau froide sur ma tête que je vois comme je suis fou, réveillez-moi, versez-moi du champagne sur la tête ! Et déshabillez-vous ! Que l'on s'explique ! Que je sache à qui je parle ! Êtes-vous homme, femme, cochon ? Suis-je chien ? (Il aperçoit Tankus et le fixe) Ne seriez-vous pas, par le plus grand des hasards, le célèbre professeur Tankus ?

TANKUS (Dont la raison ne distingue plus le vrai du faux) – Lui- même, majesté.

FÉLIX (La couronne de Nicolas II à ses pieds, et le sceptre d'Alexandre le grand, entre les jambes) – Un peu de champagne, Herr Professor ?

TANKUS (Qui n'hésite plus) – Que pourrais-je vous refuser, sire ?

FÉLIX (Il grossit à vue d'œil et s'enfle, paon à la roue magnifique) – Alors, que diriez-vous d'un gros Havane ?

TANKUS (En smoking rouge, taillé pour lui par Saint-Laurent, écharpe de soie crème, chaussures à boucles qui vont avec, de chez San Paolo) – Je dirais qu'un Havane est l'attribut de tout honnête homme, de tout jouisseur qui se respecte.

FÉLIX (Aux anges qui dorment au-dessus d'eux) – Un Homme ! Enfin, voilà un Homme ! Un joueur ! Un goûteur de viande rouge ! Renvoyez les chevaux ! Faites attendre l'hélice et le jet, je reste encore un peu ! Ô, ville enchanteresse, ô ville pleine de surprises, de divines rencontres, d'inouïes promesses.

S (Dans le même smoking que Tankus, il est drapé d'une cape à la Mandrake et arbore un chapeau haut de forme duquel saille le museau d'un lapin et de quelques opossums) – Permettez-moi de me joindre à vous, la fête n'en sera que plus réussie. Connaissez-vous, sire, ma femme ?

FÉLIX (De l'air entendu de celui qui sait tout) – Le bruit court jusque dans mon pays, les échos lointains de ternes voix aiguës… (Il s'embrouille) De… de… commères, de mégères, louent sa beauté, son charme et les exquises matières… (Confus) Les exquises manières, et son cul… (Glapissant) Ses vues, dans les tous domaines de l'intellect.

S – (Les opossums sur sa tête couinent, courent et remuent la queue) Je vois, majesté, qu'on vous l'a très précisément décrite. Puis-je vous la présenter ? (Il enlace le juke-box et fait une révérence)

LE JUKE-BOX (Attifé à la manière de, longs cheveux qui tombent sur une cambrure de reine, boucles d'or, lèvres vermillons pulpeuses, petit nez retroussé, joues mutines, taches de rousseur) – Marie-Agnès de S., sa femme, majesté, et voici notre fils. (Une lampe clignote) S junior, fruit de nos amours… (À part elle) De jeunesse. (Elle se retire en pleurant)

TANKUS (Cuit, définitif) – Viens, ville, viens ma petite, laisse-toi faire et danse ! ô, bulles ! ô, champagne ! ô, whiskies ! Viens, viens mon cœur, mon bel amour absent ! Venez, parenthèses, virgules, suspensions ! Disparaissez, odieuses lignes droites, à mort, points, courbes et hyperboles de mon cerveau ! Huha, Mona, mon tendre amour, huha, tous mes amours ! Venez ! Venez ! Je prends ton hélice, roi, je prends ton jet et tes chevaux, je te prends tout, seigneur, et je pars ! ô, ma ville… Comment dites-vous ?

FÉLIX (Felix qui potuit rerum cognoscere causas) – Ô, Pétersbourg,
ô mamouchka !
Un nain, dans son cercueil brûlant
Joconde, Joconde, Mona lentement.

TANKUS (Ad litteram) – Ô, Péterska ! Et toutes les mamouchbourg
du monde !
Effleure la fleur
qui pleure,
Ma fille enceinte.

S (Totus in illis) – Que voulez-vous dire, par là ?

TANKUS (Res, non verba) – Le pathétique, jeune homme, une certaine compassion. Bert, transportez-nous une caisse de champagne et, habillez-vous, s'il vous plaît, cela n'est pas la tenue qui convient. Approchez, pour voir. (Bert hésite) Approchez, n'ayez pas peur, allons, Bert ! (Bert approche, il l'examine) Ah, ces cheveux en broussaille, cette tignasse, il faudra vous coiffer, Bert. Achetez une brosse, un peigne, je ne sais pas.

BERT (Agneau de lait, se baisse, rapetisse à vue d'œil) – Bien, Monsieur, je me coifferai, Monsieur. Je vous suis dévoué, Maître.

TANKUS (Intransigeant) – Je sais, je sais Bert, mais il le faut, c'est la règle. Vous comprenez ?

BERT (Pâleur marmoréenne) – Grâce ! Ne pourriez-vous pas... Une exception, une seule.

TANKUS (Per fas) – Non, Bert, non. Dura lex sed lex. Pas d'exception, ni les jours saints, ni à Noël, jamais. Comprenez qu'une exception, même une seule, provoquerait des troubles. Le peuple se poserait des questions, et alors, je n'ose imaginer. Approchez, Bert, soyez courageux, mon petit. (Bert s'approche à pas comptés de fourmi) Encore un peu. Voilà. (La petite main rose de Tankus changée en un redoutable sabot frappe la joue de Bert qui, sonné, fait un tour, deux tours, trois tours)

BERT-BETSY (Enlacés, amoureux, transis) – Navigue, petit navire,
sur l'eau morne de la mer morte,
Navigue, petit navire,
à l'abandon.

Tankus, Félix, S, Lampe et Bert, poupées russes, roses, rosées, entament une danse de ballerines, aux accords d'un violon virtuose. Ils tournent sur eux-mêmes. Leurs doigts : signes abstraits, virgules, suspensions. Leurs pieds : parenthèses, pinceaux. Leurs mains, leurs mains légères et gracieuses tracent des vagues qui refluent sur le sable, dans un lointain vaporeux. Zoé, habillée en geisha, aguiche le svelte Tankus ; Fleur, pétale à peine éclos, hypnotise l'habile Lampe ; Betsy, pétales à l'abandon sur l'eau de la rivière, enlace le frêle Bert, ange gardien. Félix poursuit la bulle de champagne S, en pétillant. Comme un souffle, vaguelette, gouttelette, fines gouttes de pluie sur une branche, l'archet effleure et la corde résonne. Pluics de la pluie, clics des poupées virevoltantes, doigts qui pincent et mains qui accompagnent. Bonbons, caramels, friandises, dimanches, caresses, tenues de fêtes, sautons, sautons dans les flaques ! Jouets d'enfants, chevaux de bois, boîte à musique. Et l'archet, dans un souffle ténu, dénoue les tensions de la corde.
La porte s'ouvre, la silhouette de Tankus, prince des philosophes, se découpe, morceaux épars d'un improbable puzzle. Son bras gauche disserte et son bras droit se divise en quatre parties d'égales proportions. Ses jambes donnent un cours magistral ; sa tête ivre, somnole ; son torse

tente une preuve d'amour à Zoé ; ses pieds trébuchent. Le fantôme de l'architecte Goursky s'étouffe de rire et meurt une seconde fois. Les morceaux du puzzle se rassemblent et forment Tankus, tel qu'il n'aurait jamais dû être.

TANKUS (Magicien de quatre-vingt six ans, vieilli par les tournées, les cirques minables, les restaurants. Costume défraîchi rouge et noir, gilet de mauvaise toile, dans lequel il dissimule un opossum. Longue cape et haut-de-forme à la Mandrake. Il tremble, et tente une illusion, se trompe, recommence, s'excuse. Hors de lui, il jette cartes, baguettes et dés, et se perche sur un trapèze) – Le détail de mes tours ? Comment j'ai changé un vieillard grelotant en dangereux animal ? Autant expliquer les tours de la vie elle-même, ses métamorphoses, ses va-et-vient, ses silences, les transformations subtiles et lentes qu'elle opère sur nos visages, nos traits, l'aile d'une libellule. Le détail de mes tours est qu'ils sont des tours, et que leurs détails sont mes secrets. La nature, n'est-ce pas ? Observez plutôt ma dernière création : ce magnifique automate dont je défie quiconque de découvrir le système. Laissez place, mesdames, messieurs, à votre cœur d'enfant, à l'émerveillement naïf du spectacle de ma poupée. Vous comprendrez bien assez vite les arcanes de vos tours, et la magie s'épuisera d'elle-même.

Dans un bruit de grelots et de tambourins, l'automate Tankus dispense ses grâces. Des verrats rôdent, leurs groins reniflent et fouillent.

ZOÉ (En costume de badaud) – Je le reconnais ! J'ai assisté à l'un de ses cours magistraux ! Ceci n'est pas un automate, ceci est le professeur Tankus, docteur en philosophie !

Les verrats s'affolent, ils grattent la terre et grognent.

TANKUS – Je vous comprends, bien sûr. Bien sûr. Mais je suis d'une autre époque. Un simple automate nous faisait rêver, les choses changent. Ma poupée n'a rien de virtuel, ni de synthétique. Il faut pour goûter le tour, un autre œil que le vôtre. Une toile, des figures en mouvement, ou encore deux, trois fils, une articulation minutieuse, le travail quotidien d'un artisan... De la simplicité, beaucoup de simplicité.

FÉLIX (Un bâton à la main, en simple tenue, petite besace, pâle chemise, pauvre pantalon retenu par une simple ficelle. Il arpente les trottoirs, interpelle, marmonne. Les verrats et les truies lui font escorte, un peu de boue salit ses sandales) – Un homme ! Je cherche un homme ! Frères, revenez à la vie ! Dépouillez-vous, affranchissez-vous ! Cheminons ensemble ! Ô, ataraxie, ô la paix intérieure ! Suivons la voie d'Antisthène le cynique, de Diogène dans son tonneau, de Chrysippe ! L'art de dénouer les tensions, frères ! J'ai été, moi-même, un oisif, un dilettante, je buvais du champagne, fumais de lourds havanes, mais j'ai appris la vanité de ces richesses. La vraie richesse, frères, est intérieure ! Rejoignez-nous, vivons loin de ces villes, avec nos frères porcs, dans des champs clos, loin de tout, cloîtrés.

TANKUS (Crâne rasé, une toge mitée, orange vif, couvrant son corps nu. Des oiseaux se posent sur ses épaules et sur le dos des truies) – Frères, mes frères, mea culpa ! La raison pure et la philosophie, concepts, systèmes, unités synthétiques et analytiques, descriptions transcendantales, an detur transcendentale in mente humana, identifications aux sigles, symptôme de la forme, fantômes du sensible et de l'intelligible, de la matière, de l'a priori, de la réalité, des apparences, table de catégories, objets en soi, objets perçus, objet transcendantal = X, synthèses, appréhension dans l'intuition, algolagnie, psychoses, paranoïas, sexualité infantile et pubère, théories de concepts de théories de la sexualité, aberrations sexuelles, perversions, variations, maladies, déviations, inversions, voilà, frère, mon ami, dans quoi j'ai donné ! Chantre de la pensée, repu de complaisance, ronflant sur le coussin moelleux d'un héritage plus que trimillénaire ! Et tout ça pour quoi ? Pour une science qui n'en est même pas une ! Une science dévouée au discours du maître, des puissants à la solde de l'étranger, du cosmopolitisme et du commerce mondial qui tue les traditions simples et généreuses de notre enfance ! Alors, je dis, frères, maintenant, aux flammes ! Jetez mes livres, mea culpa ! Je ne suis plus cet agent diabolique, et je hurle avant que l'on me bâillonne, car l'on me bâillonnera, jetez les instruments du Mal, livres, littérature, pensée, philosophie ! Brisez vos ordinateurs, rejetez la technique ! Une vie simple et honnête, simple, honnête, loin de la femme adultère, de ses parures, de ses jupes, de ses fards, lipsticks, rimmels, démons ! Fuyez le plaisir comme denrée de commerce, fuyez le vice, corrigeons la prostituée qui sévit dans la séduction nouvelle, images de magazines, modèles, étoiles droguées et éteintes, glorifions la seule femme digne d'être appelée femme, la mère éternelle ! La Mère ! La Mère ! La Mère !

Tout disparaît, pour ne plus réapparaître. Une porte s'ouvre et se ferme. Dans la salle, trois jeunes filles entourent un jeune homme, au visage d'ange.

TANKUS (Il note) – Les trois mois d'été sont juin, juillet, août. (Il range son petit carnet dans la poche droite de son manteau) Mars, avril, mai, juin. Il fait froid, Lampe, n'est-ce pas, pour un mois de mars ?

LAMPE – Oui, il fait froid, monsieur, pour un mois de mars. Il faudrait vous asseoir, monsieur.

TANKUS – Je n'ai pas envie de m'asseoir. Et arrêtez de me traiter comme un enfant. Vous êtes mon Secrétaire, Lampe, pas ma… Vous n'êtes pas ma…

LAMPE – Gouvernante, monsieur ?

TANKUS – Non. Pas gouvernante, pas gouvernante du tout. Vous n'êtes pas ma nourrice, voilà, vous n'êtes pas, Lampe, ma nourrice. (Il trébuche. Lampe le retient, S, Zoé, Fleur et Betsy s'approchent et lui donnent un coup de main)

LAMPE (À S) – Il est tombé dans le parc. Il tombe depuis tout à l'heure.

TANKUS (Qui reconnait S et les filles) – Comment allez-vous mon plus brillant élève ?

S – Bien, monsieur. L'hiver est presque fini et, comme dit le proverbe, le printemps approche.

TANKUS – L'intelligence la plus fine qu'il m'ait été donné de rencontrer, Lampe ! Ce jeune homme a supporté mes pauvres restes, pendant deux ans. Vous avez été bon et patient. Et votre femme ? Comment se porte-t'elle ? Et votre fils ?

S – Ils vont bien tous les deux, d'ailleurs ils m'attendent. Vous devriez vous asseoir.

TANKUS – Non. Je suis encore leste, croyez-moi. Vous ne m'enterrerez ni demain, ni après-demain. Leste ! Hop ! Hop ! Hop ! Une gazelle ! (Il essaie de rire, il sourit) Ma mère me disait toujours que j'étais le plus robuste de ses fils. Une force de la nature. Nous étions cinq, trois frères et deux sœurs, je suis l'aîné. Eh bien, vous me croirez si vous voulez, mais je suis le seul qui reste. Comment j'ai fait ?

S – Oui, comment avez-vous fait ?

TANKUS – Je me suis prémuni, jeune homme ! Se prémunir, voilà le secret ! La clef de tout ! Ne pas manger inconsidérément, se coucher tôt, bien dormir, mener une vie régulière, ne pas fumer, ou très peu, une pipe le dimanche, et surtout, surtout, ne pas boire. Pas d'alcool ! Jamais ! Vous ne buvez pas, vous ?

S – Non. C'est-à-dire, de temps en temps.

TANKUS – Écoutez-moi bien. De tous mes amis, les seuls qui soient encore vivants, et ils sont rares, croyez-moi, sont ceux qui n'ont jamais bu une goutte d'alcool. Pas une goutte, vous m'entendez. (À Zoé) Et vous, mademoiselle, est-ce que vous buvez ?

ZOÉ – Non, monsieur. Pas une goutte.

TANKUS – C'est bien, fillette, c'est très bien. Comment vous appelez-vous ?

Lignes. Lignes rouges et noires, lignes bleues fluorescentes, infinités de lignes qui éclatent en courbes et tourbillonnent, tourbillon de lignes et de courbes.

ZOÉ (Elle prend sa main et la pose sur son cou) – Vous le savez, grand-père, arrêtez ce jeu stupide. Je suis en face de vous, présente, offerte, prête à vous suivre. Je connais mieux que personne les regards en-dessous, les clins d'œil, la conversation de séducteurs à la manque. Je connais les je rentre avec vous, comme une question, les balades dites sans buts, les nuits sans espoirs, les mains qui se frôlent, comme toujours. Tout commence toujours par un jeu de mains, puis les jambes s'y mettent, lentement. La mécanique semble s'accorder, excitation, comme toujours au moment où le deal va se conclure. Les visages se touchent, épidermes frissonnants, pâmés d'avance, lente rotation jusqu'à ce que la bouche s'y colle. Langoureux baisers, baisers torrides ou hystériques, ce qui, de toute manière, revient au même. Je connais tout ça, ces heures de la nuit où il n'y aurait qu'une chose à faire : dormir. Mais, ni l'un, ni l'autre n'a le courage de dire la vérité. Alors le dossier suit son cours, et il sera instruit, de A à Z, quoiqu'il arrive. Je connais les hommes, papy, et les pauvres sensualités, les gestes tristes et conformes, la mollesse, les clapotis indolores, le ronron d'ébats sans avenir, les clichés de films hollywoodiens.

TANKUS – Que voulez-vous d'autre ?

ZOÉ – Toi et moi, vieux con. Tes vieilles mains et mon jeune corps. La fin des plaisirs faciles.

Lignes. Lignes bleues. Lignes rouges et noires. Lignes de nos deux corps. Lignes, infinités de lignes. Lignes de vos deux corps. Lignes de mon corps. Lignes de leurs deux corps, dans un halo de lumière blanche et crue.

# L'INSOLITE TRAVERSÉE DE CYRIL GROSSE 1971-2001

Né le 13 avril 1971, à Cambrai (Nord).
Décédé le 19 septembre 2001, à Jagüey-Grande (Cuba).
Toulon 1974 : École maternelle et école primaire des Moulins.
Le Revest 1982 : Collège des Pins d'Alep/Lycée Bonaparte.
1989-1993 : Études de philosophie à Lyon et à Paris.
1982-1983-1984 : Atelier-théâtre de Sylvie di Roma au Revest.
1983-1984-1985 : Classe théâtre-musique de Denis Guénoun à Châteauvallon.

## Écriture

| | |
|---|---|
| 1984 | *Les Familiales*, théâtre. |
| 1987 | Adaptation de *Roméo et Juliette* de Shakespeare. |
| 1989 | *La Lumière des Hommes*, théâtre, édité par Les Cahiers de l'Égaré, 500 ex., épuisé. |
| 1990-1991 | *Madelaine Musique*, adaptation théâtrale de *Lecture d'une femme* de Salah Stétié. |
| 1992-1994 | *Beverly*, roman illustré par Michel Bories, édité par Les Cahiers de l'Égaré, 1 000 ex. |
| 1994-1995 | *Nighttown*, adaptation théâtrale de l'épisode *Circé* d'*Ulysse* de James Joyce. |
| 1997 | *Tankus*, théâtre, d'après *Les derniers jours d'Emmanuel Kant* de Thomas de Quincey. |
| 1998 | Traduction et adaptation de *La Forêt* d'Alexandre Ostrovski (avec Victor Ponomarev). |
| 2000 | *(C'est possible) ça va ou l'un de nous est en trop* Montage de textes. |

2000 *30 mots pour maman*, sur des peintures-objets de Michel Bories, édité par Les Cahiers de l'Égaré, 1 000 ex.
2001 Traduction de *Père* d'August Strindberg (avec Gunnila Nord).
2002 *Le Peintre*, roman inachevé sur lequel il travaillait depuis 1990, édité par Les Cahiers de l'Égaré, 1500 ex.

## Mises en scène

Amateur
1984 *Les Familiales*, 1 représentation au CREP des Lices.
1987 *Un Roméo et Juliette* d'après Shakespeare, 5 représentations à la Tour du Revest.
1989 *La Lumière des Hommes*, 9 représentations à la Tour du Revest.

Professionnel
1992 *Madelaine Musique 1*, 12 représentations aux Comoni.
1993 *Madelaine Musique 2*, 21 représentations au Wooloo Mooloo, Avignon.
1995 *Le jubilé* dans *Tchekhov en acte*, 5 représentations aux Comoni.
1997 *Gens d'ici et autres histoires* de Serge Valletti, 3 représentations, aux Comoni.
1999 *La Forêt* d'Ostrovski, 5 représentations aux Comoni.
2000 *(C'est possible) ça va*, 6 représentations aux Comoni.

## Spectacles inachevés

Amateur
1988 *Les Euménides* d'Eschyle.

Professionnel
1997 *Nighttown* d'après James Joyce.
1997 *Tankus*, d'après *Les derniers jours d'Emmanuel Kant* de Thomas de Quincey.
2002 *Père* d'August Strindberg créé au théâtre du Gymnase à Marseille le 22/02/02 et joué plus de 60 fois dans 13 villes en France, mis en scène par François Marthouret et Julie Brochen.

## Collaborations artistiques

| | |
|---|---|
| 1993 | *Les dimanches de Bonbon 1* de Katia Grosse, 1 représentation aux Comoni. |
| 1995 | *Les dimanches de Bonbon 2* de Katia Grosse, 5 représentations aux Comoni. |
| 1999 | *Wolfie, le petit Mozart* de Brigitte Bladou, 2 représentations aux Comoni. |
| 2000 | *Et le reste est silence* de Jeanne Mathis, 1 représentation aux Comoni. |
| 2001 | *Le fond des navires* de Philippe Vincenot, 9 représentations aux Comoni. |

## Comédien

Amateur

| | |
|---|---|
| 1984 | *Les familiales*, 1 représentation. |
| 1984 | *Clepsydre* de Sylvie di Roma, théâtre-parcours de 6 h dans Le Revest et à Dardennes, 7 représentations. |
| 1985 | *Le Printemps* de Denis Guénoun à Châteauvallon, 7 représentations. |

Professionnel

| | |
|---|---|
| 1991 | *Une fleur du mal* d'après Baudelaire à Saint-Étienne 10 représentations. |
| 1993 | *Je suis née dans 10 jours* de Jeanne Mathis, 5 représentations aux Comoni. |
| 1998 | *Lorsque 5 ans seront passés* de Federico Garcia Lorca, 4 représentations aux Comoni. |
| 1999 | *La Forêt* d'Ostrovski, 5 représentations aux Comoni (70 représentations en France). |

## Lectures/Mises en espace

| | |
|---|---|
| 10/03/1992 | *Meuh !... et pourquoi pas* (pour Salman Rushdie) aux Comoni :<br>Extraits de *Gargantua* (Rabelais),<br>*Entretiens avec le professeur Y* (Céline),<br>*Finnegans Wake* (Joyce),<br>*Lecture d'une femme* (Stétié),<br>*1000 jours en ballon* (Rushdie). |

| | |
|---|---|
| 11/03/1995 | Mise en espace d'*Ulysse in Nighttown* d'après Joyce à la villa Tamaris Pacha à La Seyne. |
| 16/12/1995 | Mise en voix et en espace des textes écrits par les enfants de l'école primaire du Revest les 14 et 15 décembre 1995 avec Jean Siccardi, aux Comoni. |
| 22/05/1996 | Interdiction de la mise en espace d'*Ulysse* au Théâtre de l'Odéon à Paris, par Stephen Joyce, petit-fils de James Joyce. |
| 19/10/1996 | Mise en espace d'*Ulysse* à Châteauvallon. |
| 27/04/1997 | Mise en espace d'*Ulysse* au Théâtre des Salins à Martigues et renoncement au projet, Stephen Joyce refusant d'accorder les droits de représentation. |
| du 19/03 au 22/03/1997 | Mise en espace du *Voyage de Madame Knipper vers la Prusse orientale* de Jean-Luc Lagarce au Théâtre Antoine Vitez à Aix-en-Provence et au Théâtre de Cavaillon. |
| 27/11/1998 | Lecture de *Toulon 1942* de Jean-Richard Bloch au Comédia à Toulon. |
| 31/05/1999 | Mise en espace de *Rabelais en bouche*, textes écrits par des lycéens de Rouvière au lycée Rouvière à Toulon. |
| 02/10/1999 | Mise en espace de *Rabelais en bouche*, textes écrits par des lycéens de Rouvière aux Comoni. |

## Formateur

Classe option théâtre du Lycée de Miramas de 1995 à 1998.
Atelier-théâtre du Lycée de La Ciotat en 1996 avec participation au Festival de théâtre lycéen de Thonon-les-bains en 1996.

## Théâtre à vif ou le théâtre aux prises avec l'actualité

| | |
|---|---|
| 13/11/1996 | dans les locaux d'Hémisud. |
| 21/02/1997 | dans les locaux d'Hémisud. |
| 12/03/1997 | dans les locaux d'Hémisud. |
| 14/05/1997 | dans les locaux d'Hémisud. |
| 11/12/1997 | au Lycée Rouvière. |

## Bocal agité

– Participation comme auteur, metteur en scène et comédien au bocal russe des 9, 10 et 11 novembre 2000 à Gare au théâtre à Vitry-sur-Seine;
– Participation comme auteur, metteur en scène et comédien au bocal algérois des 28, 29 et 30 avril 2001 à Gare au théâtre à Vitry-sur-Seine.

## Films

*Le temps perdu*, vidéo fiction de 55', tournée en 1993 au Burkina Faso et au Niger, avec une aide du ministère de la Culture du Burkina Faso.

*Le peintre*, vidéo de 21' sur Michel Bories, peintre, oncle de Cyril, décédé à Cuba le 19 septembre 2001, tournée en 1997.

*Les joies de François Pous*, vidéo de 35', tournée en 1998, sur le sculpteur François Pous, avec la participation de Michel Bories.

## Voyages et séjours

| | |
|---|---|
| Été 1990 | 1er voyage à New York et aux USA. |
| Été 1992 | Obtient une bourse Défi-Jeunes de 40 000 francs du ministère de la Jeunesse et des Sports pour un projet d'écriture, d'expression plastique et d'édition : *Ulysse à Hollywood*, part en Grèce et aux USA, 2 mois, avec son oncle, Michel Bories, artiste-peintre, ramène un roman, *Beverly*, illustré par Michel Bories, édité à 1 000 ex. par Les Cahiers de l'Égaré en 1994. |
| Été 1993 | Séjour en Andalousie. |
| Automne 1993 | Séjour de 2 mois au Burkina Faso et au Niger, tourne *Le temps perdu.* |
| Été 1995 | Séjour en Irlande, à Dublin, participe au Bloom Day (en hommage à Joyce) 3e voyage aux USA, New York. |
| Février 1997 | 4e séjour à New York. |
| Février 1998 | Séjour à Londres. |
| Été 1998 | 5e voyage aux USA, Floride. |
| Automne 1998 | Saint-Jacques de Compostelle et Lisbonne (sur les traces de Pessoa). |
| Été 1999 | Séjour de 1 mois 1/2 à Oulan Oudé en Sibérie. |
| Été 2000 | Séjour de 3 mois 1/2 à Oulan Oudé et au lac Baïkal pour la création de *(C'est possible) ça va ou l'un de nous est en trop.* |

| | |
|---|---|
| Janvier 2001 | Séjour à Moscou et à Saint-Pétersbourg. |
| 11 sept. 2001 | Départ pour Cuba avec son oncle, Michel Bories. Suite aux attentats, attente de 13 heures à Madrid. La plupart des passagers font demi-tour. Pas eux. Les autorités françaises n'informeront la famille, que neuf jours après leur disparition, le 28 septembre 2001. |

*Michel et Cyril en voyage en Grèce et aux USA pour écrire et illustrer* Beverly. *1992.*

## CYRIL ET MICHEL

La mort attendait Cyril et Michel là où ils étaient allé demander à la vie d'être plus vive, plus chaude, plus colorée, plus maternelle. La mort, on ne le sait pas assez, est jalouse de la vie, précisément parce que la vie a des tendresses de mère pour ceux qui l'aiment, pour ceux qu'elle aime. Le mot *amour* ne fait pas partie du langage de la mort. Alors, pour ne pas se sentir abandonnée, surtout de ceux parmi les êtres qui sont beaux et inventifs, elle tue.

Cyril et Michel, le neveu et l'oncle, vivaient tous deux le monde à deux niveaux : celui qu'ils avaient sous les yeux, celui qu'ils avaient dans le cœur, l'un mêlé à l'autre, mystérieusement. L'un voyait la vie comme un vaste théâtre en or, comme un roman à fleur de tendresse, à fleur de chant. L'autre voyait la vie comme la chose nue ou, plus merveilleusement encore, comme son ombre, son ombre illuminée.

La mort a dit : « *Ces deux petits-là, trop débordants, trop généreux, m'inquiètent* ». Elle a frappé sèchement, durement, dans ses deux mains de tôle. Cyril est entré se mettre à l'abri dans son poème, Michel dans son tableau.

Salah Stétié, 30 septembre 2001.

# DEUILS OU L'INVITATION À LA VIE

*Pour Cyril Grosse (1971-2001),*
*écrivain, comédien,*
*metteur en scène de* L'Insolite Traversée
*et Michel Bories (1949-2001), peintre, sculpteur*
*disparus à Cuba le 19 septembre 2001*

I

LA MÈRE – Pourquoi n'appelle-t-il pas ? Ça fait quinze jours déjà. J'ai peur.

LE PÈRE – C'est impossible d'appeler depuis là-bas. C'est brouillé, coupé. Rien ne passe.

LA MÈRE – Pourquoi est-il allé là-bas, alors ?

LE PÈRE – Pour se couper de tout, quelques jours. Là-bas, les lignes sont tellement mauvaises, à cause des ouragans. Il est injoignable et ne peut joindre personne. Plus de traces.

LA MÈRE – Pourquoi se couper de nous ?

LE PÈRE – Il ne veut pas se couper de nous. Il veut se refaire une santé, retrouver son identité.

LA MÈRE – Comment peut-il se retrouver, s'il fait disparaître les traces, s'il est sans passé, sans projet ?

LE PÈRE – Il n'est pas sans passé, sans projet. Il ouvre une parenthèse pour vivre au présent, loin de tout, à 10 000 kilomètres de chez nous.

LA MÈRE – Qu'il se dépêche de la refermer !

LE PÈRE – Ce n'est pas la première fois qu'il part si loin pour être au plus près de lui. Ça lui prend entre 15 jours et 3 semaines.

LA MÈRE – Ça lui arrive trop souvent. C'est toujours trop long.

LE PÈRE – Ça pourrait être un idéal de vie, vivre au présent, sans passé, sans projet, une parenthèse qui s'ouvre à la naissance, qui se ferme à la mort.

LA MÈRE – Qu'est-ce que tu racontes ? Appelle-le. Dis-lui de revenir de suite.

LE RÉPONDEUR – La ligne....... dérangement........ signe...... attente...... notre volonté.....

LA MÈRE – Insiste.

LE PÈRE – Je t'ai dit que les lignes sont mauvaises. Entre deux ouragans, ils essaient de réparer mais ils n'ont jamais assez de temps.

LE RÉPONDEUR – ......mauvais numéro...... plus de correspondant...... recherche ?

LA MÈRE – Recommence.

LE RÉPONDEUR – ......mauvais numéro. Inutile d'insister. Libérez la ligne pour d'autres appels au secours......

LA MÈRE – Refais le numéro.

LE RÉPONDEUR – .......bon numéro......votre message......

LE PÈRE – C'est papa. Dès que tu reçois ce message, appelle. Ta mère s'inquiète.

LA MÈRE – Mon chéri, c'est maman. J'espère que tout va bien. Je t'embrasse.

## II

LA MÈRE – Pourquoi ? Pourquoi ?

LE PÈRE – Pourquoi c'est tombé sur lui ?

LA MÈRE – Ce n'est pas vrai. Pas lui. Appelle-le. Dis-lui de revenir.

LE RÉPONDEUR – ......ligne ...... occupée ...... le 0 ...... automatiquement.

LE PÈRE – Il a dû y avoir un ouragan. Leur central disjoncte.

LA MÈRE – S'il y a une chance, je veux qu'on la saisisse. Rappelle-le.

LE RÉPONDEUR – …… en ligne …… signal ……

LE PÈRE – Le message a changé .

LA MÈRE – Raison de plus. Insiste.

LE RÉPONDEUR – ….. ne donne pas signe de vie. Renouvelez ….

LE PÈRE – Comment savoir la vérité ?

LA MÈRE – Je veux que ce ne soit pas vrai. Recommence.

LE RÉPONDEUR – …… bon numéro …… votre demande ……

LA MÈRE – Mon chéri, c'est maman. Dis-moi que tu vas bien, que tu reviens, que ce n'est pas vrai. Tu me manques. Je t'embrasse.

III

LE RÉPONDEUR – Nous avons pu rétablir les lignes d'urgence. Adressez votre prière.

LA MÈRE – Mon fils n'entend plus ce que j'ai à lui dire. Comment lui parler ?

LE RÉPONDEUR – Le répondeur n'est pas fait pour apporter des réponses.

LA MÈRE – À quoi sert-il alors ?

LE RÉPONDEUR – Le répondeur sert à annoncer la disparition d'un abonné et à recevoir les condoléances.

LA MÈRE – Ça ne m'est d'aucun secours. Je veux entendre sa voix.

LE RÉPONDEUR – En mon absence, veuillez laisser votre message. Je vous rappellerai dès que possible.

LA MÈRE – C'est bien sa voix. Mais il n'a plus rien à me dire.

LE RÉPONDEUR – …… plus de correspondant…… aide ?

LA MÈRE – Aidez-moi à le rejoindre !

LE RÉPONDEUR – …… mauvais numéro ….. parti sans retour ….. destination inconnue ……

LA MÈRE – Si je ne peux le rejoindre, je peux partir à sa recherche.

LE RÉPONDEUR – …… votre destin ….. composez le 0 …..

LE PÈRE – Aucune destination ne mène à lui. Il n'est nulle part.

LA MÈRE – Il a disparu quelque part, à 10 000 kilomètres de chez nous. Ma place est là-bas. Avec lui.

LE PÈRE – Maintenant que nous sommes coupés de lui, pour toujours ?

LA MÈRE – Écoute le répondeur.

LE RÉPONDEUR – Je suis absent pour toujours. Je ne pourrai plus vous rappeler.

LE PÈRE – Il faut effacer ce message.

LA MÈRE – Non. Pour sa voix.

IV

LE RÉPONDEUR – La voix de votre correspondant a été coupée. Elle ne sera rétablie qu'après paiement de l'impayé.

LE PÈRE – Opérateur tout-puissant. Il ne nous a même pas demandé notre avis.

LE RÉPONDEUR – Dans le Contrat, il est stipulé que la voix de tout disparu est coupée et que le solde de son compte est à la charge des héritiers.

LA MÈRE – Je t'avais bien dit de ne pas l'informer. On aurait payé sa note et conservé sa voix.

LE PÈRE – Être obligé de tricher à cause de l'arbitraire d'un opérateur Tout-Puissant.

LE RÉPONDEUR – Voulez-vous faire une réclamation ?

LA MÈRE – Rends-nous notre fils !

LE PÈRE – La voix de notre fils !

LE RÉPONDEUR – Une voix coupée est impossible à réentendre.

LE PÈRE – Pourquoi promettre qu'elle sera rétablie après paiement de l'impayé ?

LE RÉPONDEUR – Pour obtenir le règlement de l'impayé.

LE PÈRE – C'est quoi cet impayé ?

LA MÈRE – Il payait régulièrement. Il ne devait rien. Rends-nous le !

LE RÉPONDEUR – Vous ne teniez pas ses comptes. Moi si. Pour tous les abonnés. Avec rigueur. Il y a toujours une dette. Pour n'importe quel abonné. Qu'il faut récupérer.

LE PÈRE – Le paiement de la dette pour le profit plutôt que son annulation par justice.

LE RÉPONDEUR – Une petite dette multipliée par six milliards d'abonnés, ça fait une faillite retentissante et beaucoup d'injustice.

LA MÈRE – Je ne te souhaite pas de perdre ton fils.

LE RÉPONDEUR – Je l'ai perdu. Sur une croix.

LE PÈRE – As-tu payé sa dette ?

LE RÉPONDEUR – Il a dit avoir payé pour tous, avoir donné sa vie pour tous.

LE PÈRE – Il n'y a plus de dettes alors ?

LE RÉPONDEUR – Pour le savoir, il faudrait arrêter tous les comptes. Qui peut le décider ?

LA MÈRE – Ton fils te suppliait de ne pas l'abandonner à la mort.

LE RÉPONDEUR – La mort est une défaillance passagère.

LE PÈRE – On dit qu'il a été ressuscité d'entre les morts.

LA MÈRE – Je te prie de nous rendre notre fils.

LE RÉPONDEUR – Je n'ai pas le pouvoir de rendre ce qui a été pris.

LE PÈRE – Pourquoi notre fils ?

LE RÉPONDEUR – Je n'ai pas la réponse à cette question.

LA MÈRE – Dénonce le Contrat. On se passera du répondeur.

LE RÉPONDEUR – Peut-on se passer du Répondeur ?

## V

LA MÈRE – Je suis anéantie.

LE PÈRE – Amortis le choc. Pas de réactions. Pas de questions. Fais la morte.

LA MÈRE – Il n'a pas mérité ça. Il était si humain. C'est injuste.

LE PÈRE – Il n'y a pas de rapport entre son humanité et sa mort. C'est un malheureux concours de circonstances comme on dit.

LA MÈRE – La malchance, le hasard, ça ne me suffit pas comme explication ni comme consolation.

LE PÈRE – Ces mauvais coups se suffisent à eux-mêmes. En annulant tout. Ce sont de sales coups. Pour rien.

LA MÈRE – Méchanceté pure ?

LE PÈRE – Le mal, gratuitement.

LA MÈRE – Une épreuve sans mise à l'épreuve ?

LE PÈRE – Et sans enjeu.

LA MÈRE – Pas question pour moi de faire la morte, d'esquiver la réalité. C'est un accident avec des causes, des conséquences, des responsabilités. Je veux savoir comment ça s'est passé. Je pars là-bas.

LE PÈRE – Au pays des ouragans déchaînés, des lignes coupées et des vies brisées.

## VI

LA MÈRE – Ça s'est passé à Grand Arrêt, au Triangle de la Mort. Cent routes et chemins se croisent là, on se sait pas pourquoi. On ne sait pas d'où viennent ces routes ni où vont ces chemins, tous en mauvais état, qui traversent des champs d'orangers dont les fruits mûrissent sur pied ou pourrissent par terre. Les panneaux de signalisation, à moitié arrachés par les ouragans, sont illisibles. Les feux de circulation, malmenés par les vents violents, fonctionnent mal ou sont en panne. Quand les panneaux sont lisibles, ils se contredisent. Quand les feux marchent, placés de l'autre côté de la route à traverser, ils ne sont pas synchronisés. Le code de la route là-bas n'est pas respectable. Personne ne sait ce qu'il faut faire. Les poids lourds en profitent pour rouler vite et à gauche. Les véhicules légers et les autres, cyclistes, attelages et piétons, font du slalom entre les nids de poule sur la droite de la chaussée. La circulation est très fluide. Le trafic très réduit. Les autochtones évitent de passer par Grand Arrêt. S'ils ne peuvent faire autrement, ils s'en remettent à la tradition : ils font une prière pour que la Grande Mère les protège. Les étrangers, attirés par les plages et le soleil et voulant se couper de tout pour se retrouver, sont nombreux à aller là-bas. Et à passer par Grand Arrêt. En proportion, il y a beaucoup d'accidents. Entre étrangers et autochtones. Jamais entre autochtones. Les victimes sont toujours des étrangers, jamais des autochtones. Il n'y a jamais de blessés. Il n'y a que des morts. Des étrangers tués sur le coup dans leurs véhicules légers par des poids lourds chargés d'oranges conduits par des autochtones. On retrouve les épaves et les cadavres dans les champs d'orangers. Les épaves sont détruites à la casse. Les cadavres amenés à la morgue pour identification.

Les secours arrivent toujours trop tard. La police ne trouve jamais de témoins. La version officielle d'un accident est toujours la version du poids lourd qui n'est jamais responsable. Les familles des victimes, parce que c'est loin, que c'est cher, qu'il faut faire vite, ne peuvent entreprendre le long voyage pour identifier le corps mutilé des leurs. L'identification est faite par un officiel. Le corps est rapatrié en cercueil plombé. Les familles pleurent leurs disparus sans les voir une dernière fois. Elles font édifier des petits monuments dans les champs d'orangers. On ne les voit pas depuis les cent routes et chemins. Le gouvernement de là-bas, bien qu'informé, estime qu'il ne peut rien faire d'autre que tenter de remettre en état les panneaux et les feux entre deux ouragans. Les gouvernements étrangers, bien qu'informés, estiment qu'ils ne peuvent rien faire d'autre que de constater les dégâts et proposer sans succès que panneaux et feux soient conformes à la réglementation universelle. Le Répondeur, bien qu'informé, estime qu'il n'est pas en son pouvoir de changer quoi que ce soit à cette situation ô combien conforme à la condition humaine : les étrangers, attirés par les plages et le soleil et voulant se couper de tout pour se retrouver, ne peuvent être que nombreux à aller là-bas et à passer par Grand Arrêt ; Grand Arrêt est aussi le pays des oranges cultivées et ramassées par les autochtones, mangées par les étrangers ; Grand Arrêt est enfin le pays des ouragans. Avec ces données, peut-on faire que ce qui arrive n'arrive pas ? et que ce qui n'arrive pas arrive ?

LE PÈRE – Belle récolte. Forte leçon. Mais as-tu trouvé ce que tu cherchais ?

LA MÈRE – Je ne sais pas ce que je cherche. Je le saurai si je trouve. Ce dont je suis sûre, c'est du chemin que je suis, que je dois suivre : être au plus près de ce qui s'est passé, de ce qu'il a éprouvé et le mettre en paroles.

LE PÈRE – C'est le chemin de l'amour, un trop court chemin que des vivants ouvrent pour que leurs morts restent vivants.

LA MÈRE – Je le préférerais en vie que vivant dans nos cœurs.

LE PÈRE – Il ne nous reste que ça. Mais ça nous mobilise tout entier contre l'oubli définitif qui aura quand même le dernier mot.

LA MÈRE – Quelle responsabilité te sens-tu par rapport à lui ?

LE PÈRE – De mettre en lumière l'ombre portée de sa singularité, son insolite traversée. D'en faire des récits. Nous avions de lui une vision éclatée, une connaissance morcelée. Il nous appartient de le rassembler, de l'édifier.

LA MÈRE – Je le préférerais éparpillé mais en vie.

LE PÈRE – Il ne nous reste que ça. À mobiliser nos souvenirs et notre imagination. Toi et moi mis pour lui pour échapper au soliloque, tenter un autre dialogue avec lui.

LA MÈRE – C'est insensé. La fiction substituée à la réalité.

LE PÈRE – Pour redonner sens à notre vie.

## VII

LA MÈRE – Savais-tu où tu arrivais ?

LE PÈRE – Je ne sais pas, maman.

LA MÈRE – Tu arrivais à Grand Arrêt. Avais-tu vu le carrefour ?

LE PÈRE – Je ne sais pas, maman.

LA MÈRE – Tu étais arrivé au Triangle de la Mort. Savais-tu d'où tu venais ?

LE PÈRE – Je ne sais pas, maman.

LA MÈRE – Savais-tu où tu allais ?

LE PÈRE – Je ne sais pas, maman.

LA MÈRE – Ce n'est pas la peine de continuer. Il répondra la même chose à toutes mes questions : avais-tu regardé une carte ? avais-tu regardé ta montre ?

LE PÈRE – Il faut persévérer.

## VIII

LE PÈRE – As-tu vu le poids lourd chargé d'oranges arriver par ta gauche ?

LA MÈRE – Je ne sais pas, papa.

LE PÈRE – As-tu freiné ? As-tu accéléré ? As-tu donné un coup de volant à droite ?

LA MÈRE – Je ne sais pas, papa.

LE PÈRE – Pourquoi as-tu loué un véhicule aussi léger ?

LA MÈRE – Parce que c'était le moins cher.

LE PÈRE – As-tu compris la signalisation du carrefour ?

LA MÈRE – Le feu de l'autre côté de la route à traverser, j'avais déjà vu ça. La balise à ma droite au carrefour, je n'avais jamais vu. Je n'arrivais pas à savoir ce qui était prioritaire : le feu ou la balise ?

LE PÈRE – T'es-tu arrêté ?

LA MÈRE – Je ne sais pas, papa. On ne peut pas aller loin, comme ça. Il vaut mieux arrêter.

LE PÈRE – Il faut oser inventer.

## IX

LA MÈRE – Je veux savoir comment ça s'est passé.

LE PÈRE – J'étais allé avec mon bel amour du moment, sur la petite plage du nord, celle où il n'y a jamais personne et qui n'a pas de nom. Je l'avais rencontrée au Floridita, rue Obispo, en fumant un Hoyo de Monterrey, comme Hemingway. C'était une fille facile, cherchant l'étranger. Je m'étais laissé trouver pour oublier un peu ma peur de mon autre amour. Nous avions quitté la plage sans nom vers 14 heures. J'avais pris à droite, un chemin que je ne connaissais pas, pas indiqué sur la carte mais qu'elle connaissait, un chemin que n'emprunte personne, sauf elle qui rêve d'aller jusqu'à la grande plage du sud, celle où se trouvent les étrangers mais qui est interdite aux noirs du pays. Nous y serions arrivés vers 18 heures, la bonne heure parce que les blancs auraient été partis et que c'est l'heure de la plus belle lumière sur Trinidad. Nous avions fait cent kilomètres. Il nous restait cent kilomètres et quelques mètres à faire pour pouvoir nous baigner, nous promener, nous faire l'amour sans lendemain.

LA MÈRE – Ce n'est pas ça que je veux savoir. Je veux savoir comment ça c'est passé à 16 heures à Grand Arrêt.

LE PÈRE – Tu arrives là. Tu chantes à tue-tête, ta main droite entre les cuisses chaudes et noires de ton bel amour de la veille au soir qui te parle une langue étrangère, sa main gauche entre tes cuisses chaudes et blanches. Tu es heureux. Un instant-navire.

LA MÈRE – Tu en fais trop.

Le père – Il avait 30 ans. Il était beau. Il aimait l'amour sans retenue que deux corps libres peuvent s'offrir. Il aimait évoquer les instants suspendus qu'il avait connus.

La mère – Évoque-moi l'instant-camion.

Le père – Il se passe. Sans toi. Comme si tu n'étais pas là. Tu vois sans voir le poids lourd chargé d'oranges arriver par ta gauche. Tu entends sans entendre le choc. Tu es passé. Ton bel amour aussi. De l'instant-navire à l'instant-camion. Sans te rendre compte.

La mère – Ce n'est pas possible. Il s'est rendu compte.

Le père – Tu es dans l'instant-navire. Tu es embarqué. Une moitié de toi est encore-là : la main gauche sur le volant, le pied droit sur l'accélérateur. Une autre moitié est déjà ailleurs, en partance pour le somptueux corps d'ébène, ton pied gauche sans vigilance, ta main droite sans réflexe. L'irruption du poids lourd, c'est la surprise totale.

La mère – Qu'il soit mort à cause d'un moment d'inattention

Le père – ce n'est pas un moment d'inattention, c'est un entre-deux. Une moitié de présence au réel : la voiture, la route, les panneaux. Une moitié de présence au désir : son corps à elle, son corps à lui déjà mêlés en rêve.

La mère – Ça me parle. Mais pas ton instant-camion.

Le père – Tu vois sans voir, c'est aussi un entre-deux : tes yeux voient le poids lourd arriver mais ton esprit est captivé par le corps d'ébène. Tu entends sans entendre, ce n'est pas un entre-deux : le moment du choc coïncide avec le moment des traumatismes mortels.

La mère – Je n'arrive pas à me détacher de l'instant-camion. Il me terrifie. Chaque nuit, je le vois arriver. J'entends le choc. Je reçois le coup. Je me réveille en hurlant. Je fais des bonds dans le lit, je donne des coups de pieds pour chasser la vision. J'ai mal partout. Tu essaies de me calmer. Ça réussit plutôt bien jusqu'à l'instant-camion suivant. Dans mon corps, il n'y a de place que pour lui.

Le père – À force de se répéter, l'instant-camion s'épuisera. L'instant-navire pourra jeter l'ancre en toi.

La mère – A-t-il eu peur ? A-t-il eu mal ?

LE PÈRE – Tu as peur, tu as mal pour lui. Lui était heureux dans l'instant-navire. L'instant-camion l'a tué sous le coup. Sans s'inscrire dans sa conscience.

LA MÈRE – Est-ce qu'il a vu le film de sa vie ?

LE PÈRE – Quand l'instant-navire se change en instant-camion, il n'y a pas de film, pas de retour en arrière.

Il n'y a pas de mot

FIN

À 10 000 kilomètres de chez nous,
à Johannesburg, 1er-13 avril 2002,
J.-C. G.

*Mémorial consacré à Cyril, édifié par le Molodiojni Théâtre au bord du lac Baïkal en juillet 2002.*

*La dernière demeure de Cyril Grosse*
*à Corsavy (66), depuis le 13 avril 2003.*

*Il existe encore des possibilités de départs, d'infimes moments d'absence où se retirer.*
*Il existe encore dans le reflux des vagues, des lieux pour rêver, des rues qui sont des ports,*
*des instants-navires, de longues mers pour changer d'enveloppe terrestre, de carte d'identité.*
*Il suffit parfois de prendre à droite, ce chemin que je ne connais pas. À nouveau.*
*Voilà, peut-être, le plus beau des titres. Il suffirait de s'accorder une trêve, un répit.*
*Suis-je responsable des mouvements de lune ? Et des courants de la mer ? Suis-je responsable du temps ?*
*L'eau et les vagues, le sel, l'écume, l'horizon inachevé, à nouveau. Cyril Grosse, 2001.*

# Les Cahiers de l'Égaré

# *Catalogue 2005*

## THÉÂTRE

PILATE, de Jean-Yves Picq - 2e édition
(Une pièce sur l'invention de Jésus.)
ISBN : 2-908387-17-4 72 p. - 15x21 - **10 €**

LETTRE AU DIRECTEUR DU THÉÂTRE, de Denis Guénoun - 3e édition
(Voici une supplique, une adresse sur les heurs et malheurs du théâtre de ce temps.)
ISBN : 2-908387-28-X 96 p. - 15x21 - **7,50 €**

« VOÏCES » OU LE RETOUR D'ULYSSE, de Jean-Yves Picq
(Poème épique sur deux guerres mythiques, celle d'Homère et celle du Viêt-Nam.)
ISBN : 2-908387-31-X 128 p. - 15x21 - **10,50 €**

LA LUTTE DES PLACES / LE LIBRE JEU, de Jean-Claude Grosse
(La lutte des places , ça a commencé quand, ça finira quand ?)
ISBN : 2-908387-36-0 96 p. - 15x21 - **7,50 €**

LA VIE EN JEU, de Jean-Claude Grosse
(Comment vivre sa vie ? Dix-huit personnages vivent et s'interrogent.)
ISBN : 2-908387-37-9 112 p. - 15x21 - **7,50 €**

LE CAS GASPARD MEYER, de Jean-Yves Picq - 2e édition
(Une fable poétique sur l'économie de marché et la mémoire indienne.)
ISBN : 2-908387-52-2 56 p. - 15x21 - **8 €**

LA MORT ET L'AMOUR, de Roger Lombardot
(*Requiem*, *Shéhérazade*, *Lettre à l'enfant*. De la Bosnie ou d'ailleurs en guerre aux monts d'Aubrac en paix.)
ISBN : 2-908387-55-7 88 p. - 15x21 - **7,50 €**

LE CORPS QUI PARLE – Huit pièces courtes de Jacques Doazan, Jean-Claude Grosse, Jeanne Mathis, Christophe Pellet, Jean-Louis Rebora, Frédéric Senent, Jacques Serena et Jean Siccardi.
ISBN : 2-908387-59-X 72 p. - 15x21 - **7,50 €**

RÊVER LE MONDE, de Sylvie Durbec, Lucette Salibur, Françoise du Chaxel, Catherine Zambon
(Quatre pièces pour la jeunesse, à lire et à jouer, quatre écritures contemporaines couvrant le champ scolaire, du primaire au lycée.)
ISBN : 2-908387-65-4 96 p. - 15x21 - **10 €**

SANS VOIX, d'Estelle Lépine
(À la loi du silence, Aurélie, violée, choisit la voie de la justice.)
ISBN : 2-908387-71-9 96 p. - 15x21 - **12 €**

**La Rose,** de Roger Lombardot
(Hommage théâtral à la Grotte Chauvet, accompagné de 18 photographies.)
ISBN : 2-908387-73-5 56 p. - 15x21 - **15 €**

**Des lendemains qui dansent,** de Frédéric Senent, Françoise Pillet, Marie-Line Laplante, Fabienne Rouby, Françoise du Chaxel
(Cinq pièces pour la jeunesse, à lire et à jouer, cinq écritures contemporaines couvrant le champ scolaire, du primaire au lycée.)
ISBN : 2-908387-78-6 168 p. - 15x21 - **14 €**

**Sarah,** de Roger Lombardot
(Alice, transplantée du foie, s'adresse à celle, morte depuis 10 ans, qui lui a permis de vivre : Sarah.)
ISBN : 2-908387-80-8 64 p. - 15x21 - **10 €**

**Faisceaux sous bois acide,** de Gilles Desnots
(Que reste-t-il des utopies ? de la musique peut-être... Et tout à inventer.)
ISBN : 2-908387-82-4 128 p. - 15x21 - **15 €**

**Un Visible Théo,** de Renaud Le Bas
(Il m'en aura fallu du temps ! Pour avoir la force d'écrire sur le handicap.)
ISBN : 2-908387-85-9 64 p. - 15x21 - **10 €**

**Le gras théâtre est mort, maman !** de Cyril Grosse (1971-2001)
(Trois pièces : *Madelaine Musique, Nighttown, Tankus.* 40 photographies. Témoignages.)
**Édition hors commerce réservée uniquement aux souscripteurs.**
ISBN : 2-908387-84-0 240 p. - 16,5x24 - **30 €** FRANCO DE PORT

## PHILOSOPHIE

**Relation,** de Denis Guénoun - 2e édition
(Entre théâtre et philosophie.)
ISBN : 2-908387-32-8 104 p. - 15x21 - **12 €**

**De l'Amour,** de Marcel Conche - 2e édition
(Pensées trouvées dans un vieux cahier de dessin.)
ISBN : 2-908387-69-7 48 p. - 13x17 - **8 €**

**L'Enjeu de l'acteur,** d'Alain Simon
(Essais sur l'art de l'acteur)
ISBN : 2-908387-72-7 128 p. - 15x21 - **15 €**

**Pour une école du gai savoir - un livre qui débloque,**
de Laurent Carle, Philippe Granarolo, Jean-Claude Grosse
(Des essais pour une renaissance de l'école avec le serment de Socrate à prêter par tout parent, tout enseignant en charge de l'éducation d'enfants.)
ISBN : 2-908387-75-1 400 p. - 16,5x24 - **30 €**

**Heidegger par gros temps,** de Marcel Conche
(Deux essais écrits par le philosophe Marcel Conche désireux, sans esprit de polémique, de se forger sa vérité sur « l'affaire Heidegger ».)
ISBN : 2-908387-76-X 88 p. - 15x21 - **10 €**

ACTUALITÉ D'UNE SAGESSE TRAGIQUE, de Pilar Sánchez Orozco
(La pensée de Marcel Conche.) Préface d'André Comte-Sponville.
ISBN : 2-908387-81-6 — 352 p. - 16,5x24 - **40 €**

## ROMAN

BEVERLY, de Cyril Grosse (1971-2001), illustré par Michel Bories (1949-2001).
(Sur les traces d'un peintre – faussaire ? – le narrateur en perd le désir d'écrire.)
ISBN : 2-908387-25-5 — 96 p. - 15x21 - **7,50 €**

LE PEINTRE, de Cyril Grosse (1971-2001), illustré par Michel Bories (1949-2001).
(De meurtres en beuveries et en amours de fortune, le romancier peint notre humanité-inhumanité.)
ISBN : 2-908387-61-1 — 128 p. - 15x21 - **15 €**

## POÉSIE

LA PAROLE ÉPROUVÉE, de Jean-Claude Grosse
(116 poèmes d'insolente patience joués aux dés désespérés des mots depuis 1956.)
ISBN : 2-908387-50-6 — 160 p. - 16,5x24 - **20 €**

30 MOTS POUR MAMAN, d'Anna Faix et Michel Bories (1949-2001)
(30 peintures-objets de Michel Bories photographiées par Michel Gloaguen, accompagnées de textes d'Anna Faix.)
ISBN : 2-908387-54-9 — 72 p. - 16,5x24 - **15 €**

PASSION, RAISON ET CHANSONS, de Jean Delorme
(*Liberté, diversité, humanité*, telle pourrait être la devise de Jean Delorme dans son avatar poétique.)
ISBN : 2-908387-83-2 — 110 p. - 15x21 - **15 €**

LE CHŒUR DES CONTINENTS, de Patrick Berta Forgas
(La poésie de Patrick Berta Forgas naît du besoin de dire le monde, de toucher les choses avec les mots, de retrouver l'être dans le langage.)
ISBN : 2-908387-86-7 — 50 p. - 15x21 - **8 €**

LES CAHIERS DE L'ÉGARÉ

**Commande ou souscription**
**accompagnée du règlement à l'ordre de**
**Les Cahiers de l'Égaré - BP 9 - 83200 Le Revest-les-Eaux**
**Tél. : 04 94 98 99 03 - Fax : 04 94 98 91 51**
**Courriel : mail@les4saisonsdurevest.com**
**Internet : www.les4saisonsdurevest.com**

**Le gras théâtre est mort, maman**

a été achevé d'imprimer
le 19 mai 2005
sur les presses de

*Groupe Horizon*

200, avenue de Coulin, 13420 Gémenos

N° d'imprimeur : 0504-194

**Édition hors commerce**

Dépôt légal : juin 2005

*Imprimé en France*